Hans-Jürgen Schröder

Die deutsche Frage als internationales Problem

INTERNATIONALE BEZIEHUNGEN

Veröffentlichungen des Studienkreises
Internationale Beziehungen

Band 2

Hans–Jürgen Schröder
(Herausgeber)

Die deutsche Frage als internationales Problem

Franz Steiner Verlag Stuttgart 1990

CIP-Titelaufnahme der Deutschen Bibliothek

Die deutsche Frage als internationales Problem / Hans-Jürgen Schröder (Hrsg.). – Stuttgart : Steiner, 1990
(Internationale Beziehungen ; Bd. 2)
ISBN 3-515-05392-1
NE: Schröder, Hans-Jürgen [Hrsg.]; GT

 Druck: Rheinhessische Druckwerkstätte, Alzey
Printed in the Fed. Rep. of Germany

INHALT

VORWORT

Der Studienkreis Internationale Beziehungen, dem in erster Linie Politikwissenschaftler, Wirtschaftswissenschaftler, Juristen und Historiker angehören, hat sich zur Aufgabe gestellt, den interdisziplinären Gedankenaustausch über Probleme der internationalen Beziehungen zu fördern. Im Sinne dieser Zielsetzung ist die Durchführung wissenschaftlicher Tagungen Schwerpunkt der Arbeit des Studienkreises. Die Ergebnisse des ersten Kolloquiums über die "Interventionsproblematik aus politikwissenschaftlicher, völkerrechtlicher und wirtschaftswissenschaftlicher Sicht" wurden von Ernst-Otto Czempiel und Werner Link herausgegeben (Kehl 1984). Die Arbeitsergebnisse der von Berliner Senat unterstützten Kolloquien werden seit Anfang 1989 veröffentlicht in der wissenschaftlichen Reihe "Internationale Beziehungen", deren erster Band zu dem Thema "Krise und Krisenmanagement in den internationalen Beziehungen" von Hanspeter Neuhold (Wien) und Hans-Joachim Heinemann (Hannover) herausgegeben wurde. Der dritte Band über "Transatlantische Beziehungen zwischen gemeinsamen Interessen und Konflikt" (Herausgeber Manfred Knapp, Hamburg) wird im Herbst 1990 erscheinen. Der jetzt vorgelegte zweite Reihenband behandelt "Die deutsche Frage als internationales Problem". Für einen Druckkostenzuschuß danke ich dem Bundesministerium für Innerdeutsche Beziehungen.

Bei dieser Gelegenheit möchte ich erneut die gute Zusammenarbeit mit dem Franz Steiner Verlag betonen.

Gießen, im November 1989

Hans-Jürgen Schröder
(Vorsitzender des SIB für
die Amtsperiode 1987-89)

EINLEITUNG

Zum internationalen Kontext der deutschen Frage

Hans-Jürgen Schröder

Vierzig Jahre nach Gründung der Bundesrepublik Deutschland und der Deutschen Demokratischen Republik hat die deutsche Frage weltweit eine nicht vorhersehbare Aktualität erlangt. Das macht es umso dringlicher, sich den internationalen Kontext des Deutschlandproblems immer wieder vor Augen zu halten. Die wichtigsten Entwicklungstendenzen seit Ende des Zweiten Weltkrieges standen im Mittelpunkt eines 1987 vom Studienkreis Internationale Beziehungen in Berlin durchgeführten Kolloquiums. Die für den Druck ergänzten Referate werden hiermit vorgelegt.

Seit dem Zweiten Weltkrieg ist die deutsche Frage ein Dauerproblem der internationalen Politik. Das ergibt sich nicht zuletzt aus der Tatsache, daß ihr in den amerikanisch-sowjetischen Beziehungen der Nachkriegszeit eine zentrale Bedeutung zukommt, und zwar in mehrfacher Hinsicht: Zum einen haben die divergierenden Interessen der deutschlandpolitischen Konzeptionen und Zielsetzungen der Siegermächte zur Genesis des Kalten Krieges entscheidend beigetragen, zum anderen wurde Deutschland zum zentralen Ort der Auseinandersetzungen zwischen Ost und West. Dieser Tatbestand manifestiert sich vor allem in der Teilung Deutschlands wenige Jahre nach dem Ende des Dritten Reiches. Über die Ereignisgeschichte herrscht Klarheit, umstritten bleibt jedoch, welcher der Kontrahenten in der Ost-West-Konfrontation für die deutsche Teilung die Hauptverantwortung trägt. Allerdings ist die internationale Forschung in bezug auf die Motive der sowjetischen Deutschlandpolitik solange noch auf Mutmaßungen angewiesen, wie ihr die sowjetischen Archive verschlossen bleiben. Was die Deutschlandpolitik der westlichen Siegermächte anbelangt, so ist die Quellenlage als gut zu bezeichnen, das gilt vor allem für Großbritannien und die USA.

Unter Auswertung dieser Archivalien hat die internationale Forschung über Genesis und Verlauf des Kalten Krieges die vielfältigen Funktionen Deutschlands im Kalkül der Londoner und Washingtoner Europapolitik im einzelnen herausgearbeitet. Im Rahmen der 1947 formulierten Eindämmungsstrategie fiel Deutschland in wirtschaftlicher und politischer Hinsicht eine Schlüsselrolle zu: Als Bollwerk gegen die Sowjetunion und als Eckpfeiler im Prozeß der Rekonstruktion der Weltwirtschaft. Bereits Anfang 1946 hat die amerikanische Militärregierung eine pragmatische Stabilisierungspolitik eingeleitet, zu einem Zeitpunkt, als dies noch lange nicht die erklärte Politik Washingtons war. Dem Chaos sollte aus politischen und wirtschaftlichen Gründen entgegengewirkt werden. Mit dem Marshallplan wurde Westdeutschland dann unwiderruflich zum Eckpfeiler der amerikanischen Europapolitik, die die Gründung eines westdeutschen Teilstaates entscheidend begünstigt hat.

Die schnelle Rekonstruktion Westdeutschlands darf allerdings nicht nur im Kontext des Ost-West-Konflikts gesehen werden, denn sie hat für alle europäischen Staaten schwerwiegende Sicherheitsprobleme aufgeworfen, die von der französischen Diplomatie besonders deutlich artikuliert wurden. Die Washingtoner Führungseliten waren sich zwar über die politischen Dimensionen einer von der Bundesrepublik entfalteten wirtschaftlichen Dynamik im Klaren, die außenpolitischen Implikationen wurden jedoch bagatellisiert bzw. durch Hinweise auf die integrativen Wirkungen des Marshallplans relativiert. Integration war auch die Antwort, als London und Washington seit der Zuspitzung des Kalten Krieges einen westdeutschen Wehrbeitrag für unumgänglich hielten. Nach dem Scheitern der Europäischen Verteidigungsgemeinschaft wurde mit der westdeutschen NATO-Mitgliedschaft schnell eine Ersatzlösung gefunden, um die Sicherheit vor der Sowjetunion durch Elemente der Sicherheit vor Deutschland zu ergänzen. Wenn die deutschlandpolitische Komponente dieser "doppelten Eindämmung" (Loth) zunächst nicht klar hervortrat, dann ist dies mit der Westorientierung des ersten deutschen Bundeskanzlers zu erklären. Aber selbst die konsequente Westorientierung Adenauers war nicht immer in der Lage, historisch begründete Ängste der Bündnispartner vor deutschen Alleingängen nachhaltig zu zerstreuen. Das sich immer wieder manifestierende Rapallo-Trauma ist hierfür ein Beleg. Das Wiedervereinigungspostulat ließ die Bundesrepublik als revisionistische Macht erscheinen. Zwar wurde diese Vokabel aus diplomatischer Rücksichtnahme zumeist nicht benutzt, Ängste vor einer zumindest wirtschaftlich fundierten deutschen Hegemonialstellung waren damit angesichts historischer Erfahrungen jedoch nicht gebannt.

Die historischen Vorbelastungen deutscher Nachkriegspolitik hat Imanuel Geiss in seinem Überblick "Die Deutsche Frage im Internationalen System" an einigen prägnanten Beispielen dargestellt. Er betont das "anti-hegemoniale Element" im europäischen Staatensystem, das jeden Versuch zur Etablierung einer deutschen Vormachtstellung letztlich zum Scheitern verurteilt habe. Die Hegemonie einer europäischen Großmacht bleibe auch in Zukunft ausgeschlossen, "es sei denn, sie sei so milde und so in europäische Institutionen eingebunden, daß sie aufhört, Hegemonie im traditionellen Sinn zu sein". Konsequenterweise formuliert Geiss die These, daß "eine noch so friedliche Wiedervereinigung Deutschlands in noch so honoriger Absicht als deutscher Nationalstaat als Antwort auf die Deutsche Frage" wegen der damit verbundenden Gefahren für die Deutschen und das internationale System mit "erheblichen Risiken" belastet sei. Das ergebe sich schon aus der Summierung wirtschaftlicher und politischer Potenzen der beiden deutschen Teilstaaten. Sollte den Deutschen die staatliche Wiedervereinigung "friedlich gleichsam in den Schoß fallen", dann müsse es Garantien gegen das "Wiederaufleben jeglicher deutscher Hegemonialtendenzen geben". Allerdings sollte nicht übersehen werden, daß die deutsche Frage seit 1945 zunehmend in ein Geflecht internationaler Vereinbarungen eingebunden ist.

Die wichtigsten Etappen der völkerrechtlichen Entwicklung seit 1945 analysiert Michael Bothe ("Deutschland als Rechtsproblem"). Kontinuität und Wandel wichtiger Rechtspositionen werden zur Debatte gestellt: Verbindlichkeit des Potsdamer Kommuniqués, Fortbestand des Deutschen Reichs, verfassungspolitisches Selbstverständnis der beiden deutschen Teilstaaten, Souveränitätsvorbehalte der Siegermächte, innerdeutsche Beziehungen, Grundlagenvertrag und Entwicklung des Status von Berlin. Bothe unterstreicht die Interdependenz politischer und völkerrechtlicher Positionen einerseits und läßt andererseits keinen Zweifel daran, daß die jeweiligen Rechtspositionen "unter dem Druck der politischen Großwetterlage" Wandlungen unterworfen sind, doch könne sich das "Eigenleben" von Rechtspositionen für die Verwirklichung politischer Vorgaben auch als hinderlich erweisen. Allerdings seien die seit über vier Jahrzehnten in der deutschen Frage gesuchten und realisierten "subtilen Formen von Teilkonsens und Teilausgleich" ohne die "hohe Kunst völkerrechtlicher Kautelarjurisprudenz" kaum denkbar: "Schmiedet der Jurist die Waffen des Kampfes so schnitzt er doch auch die Friedenspfeife".

Die sicherheitspolitischen Bindungen werden von Helga Haftendorn in den Mittelpunkt gestellt ("Die Rolle der Bundesrepublik Deutschland im Atlantischen Bündnis und die Deutsche Frage"). Sie verdeutlicht, daß die Einbeziehung der Bundesrepublik in das Atlantische Bündnis nicht nur als Element der Eindämmungspolitik gegenüber der Sowjetunion, sondern auch als Mittel zu sehen ist, jeder vom Wiederaufstieg eines westdeutschen Teilstaates ausgehenden "deutschen Gefahr" von vornherein entgegenzuwirken. Im weiteren Verlauf ihrer Überlegungen geht sie der Frage nach, inwieweit das Atlantische Bündnis die politischen Handlungsspielräume erweitert oder begrenzt habe. Die Verankerung im Bündnis, so ihre Schlußfolgerung, habe der Bundesrepublik überhaupt erst die Möglichkeit gegeben, aktive Deutschlandpolitik zu betreiben, und die deutsche Frage offenzuhalten. Dennoch konnten die auf nationale Einheit gerichteten spezifischen Interessen der Bundesrepublik auf das Atlantische Bündnis nicht ohne Rückwirkungen bleiben, wie im einzelnen belegt wird. Die enge Interdependenz zwischen Atlantischer Allianz und deutscher Frage manifestiert sich in vielfältiger Weise.

Die internationalen Dimensionen des innerdeutschen Handels werden von Hanns-Dieter Jacobsen ("Die innerdeutschen Wirtschaftsbeziehungen als internationales Problem") auch unter sicherheitspolitischen Aspekten ausführlicher behandelt. Bereits in den fünfziger Jahren habe sich angedeutet, daß der Sonderstatus des innerdeutschen Handels ein "internationaler Störfaktor" sein konnte. Sehr früh habe sich daher Bonn bemüht, diesen Sonderstatus des innerdeutschen Handels vertraglich abzusichern, so etwa im Rahmen der EWG-Verträge durch ein "Protokoll über den innerdeutschen Handel und die damit zusammenhängenden Fragen" (Mai 1957). Damit waren jedoch die sicherheitspolitischen Probleme keineswegs gelöst, denn die Besonderheiten des innerdeutschen Handels haben immer wieder zahlreiche Möglichkeiten geboten, die COCOM-Kontrollen zu unterlaufen. Hier haben vor allem die USA wiederholt sicherheitspolitische Risiken konstatiert. Es habe sich für Bonn generell als schwierig erwiesen, Deutschland- und Ostpolitik mit West- und Bündnispolitik auszubalancieren. Entsprechend stellte sich für die DDR in außenwirtschaftlicher Perspektive das Problem, die innerdeutschen Handelsbeziehungen mit den Wirtschaftsbeziehungen der DDR zu den ost- und südosteuropäischen Staaten in Einklang zu bringen. "Die Rolle der DDR im Rat für Gegenseitige Wirtschaftshilfe (RGW)" wird im einzelnen von Heinrich Machowski untersucht: Aufgaben und Funktionsweisen des RGW, die Bedeutung der DDR als Wirtschafts- und Handelsfaktor im RGW sowie namentlich die Position der DDR in der internationalen Industriepolitik der RWG-Staaten stehen im Mittelpunkt der Darstellung. Es folgen Überlegungen zu Entwicklungsperspektiven der RWG-Integration und aktuelle Probleme der Wirtschaftsbeziehungen zwischen RGW und EG. Die "de facto-EG Assoziation" der DDR (Bothe) unterstreicht den gesamteuropäischen Zusammenhang dieses Problems.

"Die Deutsche Frage aus der Sicht des Auslandes" skizziert Karl E. Birnbaum. Er verweist nachdrücklich darauf, daß viele "Völker in Ost und West", das gelte vor allem für die Nachbarn, "sehr aufmerksam und oft mißtrauisch" reagieren, "wenn es um die Ziele und Konsequenzen deutscher Bemühungen um eine Veränderung der Verhältnisse in Mitteleuropa geht". Zwar werde die Forderung nach Selbstbestimmung in der Regel als "ein legitimes Anlicgen der Deutschen anerkannt", doch sei damit nicht durchgängig die "Akzeptanz eines deutschen Einheitsstaates als dem natürlichen Ziel der Bestrebungen um Selbstbestimmung" verbunden. "Nach den schmerzlichen Erfahrungen mit dem Dritten Reich denken die europoäischen Nachbarn der Deutschen und auch die Völker anderer Staaten nicht gerne an ein Viertes Reich". Daher sieht Birnbaum in jeder "Unklarheit seitens westdeutscher Politiker" bezüglich der Oder-Neiße-Grenze "eine wesentliche Belastung für die Position der Bundesrepublik"; dies erschwere die Lösung der deutschen Frage im Rahmen einer europäischen Friedensordnung.

In diesem Sinne warnt auch Peter Bender ("Mitteleuropa und Deutschlandfrage") vor jeder Wiederbelebung eines in erster Linie politisch motivierten Mitteleuropa als einer eigenen Größe zwischen West und Ost. Dies sei zum Scheitern verurteilt. Das "Ressentiment und Mißtrauen der Slawen und Magyaren" lebe weiter und erscheine "fast unüberwindlich". Angesichts der "Erfahrungen, die man in diesem Jahrhundert mit uns gemacht hat", sei das nur allzu verständlich: "'Mitteleuropa' war der Titel des programmatischen Buches, das Friedrich Naumann während des ersten Weltkrieges schrieb. Und obwohl

Naumann kein Imperialist war, herausgekommen wäre aus seinen Plänen ein imperiales Gebilde... Hitler setzte das dann auf seine Weise in die Tat um. Die erste Etappe seiner Expansion traf Mitteleuropa: Österreich, die Tschechoslowakei und Polen; Ungarn wurde sein erster Satellitenstaat und blieb sein letzter Verbündeter. Mitteleuropa, Entwurf und Ausführung made in Germany - das verdarb die Sache wie das Wort gründlich." Bender und Birnbaum knüpfen mithin an die von Imanuel Geiss einleitend hervorgehobenen historischen Vorbelastungen der deutschen Frage pointiert an.

Die besondere Bedeutung Berlins im Schnittpunkt politischer und wirtschaftlicher Kraftlinien würdigt Hansjürgen Schierbaum in seinem Beitrag "Die Rolle Berlins in der Deutschen Frage", der als öffentlicher Vortrag im Berliner Reichstagsgebäude auch für ein breiteres historisch-politisch interessiertes Publikum konzipiert war. Hier, in Berlin, so das Resumé, sei der Zwang zu einer Stabilisierung der Situation ebenso verankert "wie der Zwang zur schließlichen Lösung der Deutschen Frage". Die Berlinproblematik als "Kern der Deutschen Frage" sei zugleich ein Prüfstein dafür, "ob wir nach allem lernen, unsere Interessen mit denen anderer in Übereinstimmung zu bringen".

Die Notwendigkeit, bei der Lösung der deutschen Frage mit Nachbarn und Verbündeten zu einem Interessenausgleich zu gelangen, ergibt sich aus allen hier vorgelegten Bestandsaufnahmen: aus historischer, völkerrechtlicher, politikwissenschaftlicher wie ökonomischer Perspektive. Die Beiträge reichen mithin über eine interdisziplinäre Bestandsaufnahme hinaus. Ungeachtet der unterschiedlichen Forschungsansätze mahnen sie gleichermaßen zu einem behutsamen Vorgehen bei der 40 Jahre nach der "doppelten Staatsgründung" (Kleßmann) greifbar nahe erscheinenden Lösung der deutschen Frage.

P.S. Während der Drucklegung haben Peter Bender und Heinrich Machowski ihre bereits gesetzten Beiträge unter Hinweis auf die atemberaubende Entwicklung der deutschen Frage seit Oktober/November 1989 zurückgezogen. Der Herausgeber hat diese auch für den Steiner Verlag bedauerliche Entscheidung zu respektieren. Einige Autoren haben durch kurze Zusätze deutlich gemacht, daß die Überarbeitung der hier abgedruckten Tagungsbeiträge im Frühjahr 1989 abgeschlossen war.

DIE DEUTSCHE FRAGE IM INTERNATIONALEN SYSTEM

Imanuel Geiss

Das Thema enthält zwei große Komplexe - "Deutsche Frage", "internationales System". Beide sind vorab zu klären, bevor es möglich wird, ihre in der Geschichte wechselnden Beziehungen zueinander zu analysieren. "Internationales System" ist jedoch an den Anfang zu stellen, weil es als der allgemeinere und übergreifende Faktor entscheidende historische Rahmenbedingungen lieferte, in denen sich die Deutsche Frage entfaltete, so daß entsprechend deutsche Antworten auf die Deutsche Frage unterschiedlich ausfielen. Die vielzitierte Deutsche Frage erscheint so von vornherein in einem internationalen Rahmen, unter europäischen, gar globalen Horizonten, schon um den häufigen Fehler zu vermeiden, die Deutsche Frage zu isolieren, in ein deutsches, nationales Ghetto einzusperren.

Streng genommen existiert die Deutsche Frage als europäisches Weltproblem erst seit dem Untergang des alten Heiligen Römischen Reiches Deutscher Nation, also seit 1806.[1] Erst seitdem erhob sich die Frage, wie die Deutschen künftig politisch zu organisieren seien. In Wirklichkeit schlugen jedoch allgemeine historische Mechanismen in der deutschen Frage seit 1806 auch schon vorher durch, wenn man so will, in der ganzen deutschen Geschichte, also über ein Jahrtausend lang. Dennoch soll sich die historische Analyse auf die Zeit ab 1806 konzentrieren, selbst wenn ein vergleichender Blick über diese Zäsur hinaus erlaubt sein muß, ja erforderlich wird.

1 Die Flut jüngster Literatur zur Deutschen Frage, deutschen Nation, Identität der Deutschen usw. ist in den letzten Jahren sprunghaft angestiegen, u.a. Wolf Gruner: Die deutsche Frage. Ein Problem der europäischen Geschichte seit 1800. München 1985; Eberhard Schulz: Die deutsche Nation in Europa. Bonn 1982; Werner Weidenfeld, Hg.: Die Identität der Deutschen. Bonn 1983; Die Frage nach der deutschen Identität. Ergebnisse einer Fachtagung der Bundeszentrale für politische Bildung. Bonn 1985. Im Grunde genommen spielt hier auch der hochemotionalisierte "Historikerstreit" hinein; vgl. Anm 9. Für eigene Bemühungen um die Problematik, zunächst erst in englischer Sprache, vgl. Imanuel Geiss: The Continuity of the German Question. in: John & Mary's Journal. Dic-

Das internationale System

Das die Deutsche Frage die meiste Zeit bedingende internationale System war das Europäische System, das sich in einem komplizierten Prozeß seit dem Untergang des Weströmischen Reichs allmählich herauskristallisierte, zuletzt als die Pentarchie der europäischen (Groß)Mächte - Frankreich, England, Rußland, Österreich(-Ungarn), Preußen(-Deutschland). Die Pentarchie war zugleich die politische Organisation für die europäische Vorherrschaft auf dem Gipfel ihrer Machtentfaltung.[2]

Das Europäische System zeichnete sich gegenüber allen anderen Machtzentren der Weltgeschichte kontinentalen oder subkontinentalen Zuschnitts, wie vor allem China und Indien, durch die Abwesenheit jeglicher imperialer oder auch nur hegemonialer Einigung durch ein Machtzentrum aus. Weder gelang auf Dauer, mit nur längeren oder kürzeren Unterbrechungen wie in China, eine imperiale Zusammenfassung, noch umgekehrt, wie in Indien, nach langen Perioden politischer Fragmentierung, nur wenige Male eine vollständige oder fast vollständige imperiale Zusammenfassung, die nur kürzeres oder längeres Zwischenspiel blieb.

So widersetzte sich Europa seit dem frühen 5. Jahrhundert jedem Versuch zur hegemonialen oder gar imperialen Einigung in einem Großreich, in seiner chaotischen Phase vom Frühmittelalter bis zur frühen Neuzeit wie seit dem Heranwachsen von Großmächten, die seit dem 18. Jahrhundert den größten Raum des Kontinents ausfüllten und Europa dominierten. Der Pluralismus von Machtfaktoren - Staaten, Reiche, Nationen, Städte - ist sicher das ausschlaggebende Merkmal des Europäischen Systems, vor wie nach seinem Aufstieg zum weltbeherrschenden Machtzentrum in der Neuzeit. Der ethnische, sprachliche, kulturelle und religiöse Pluralismus auf relativ engem Raum verhinderte jede Homogenisierung wie tendenziell in China - im Prinzip ein Reichsvolk, ein Reich, ein Kaiser, eine Schrift, eine Sprache, eine Reichsreligion - oder in

kinson College, Carlisle, Penn., Winter 1986, S. 12-25. ders.: Weimar Republic between the Second and the Third Reich: Continuity and Discontinuity of the German Question, im Rahmen eines Sammelbandes zur Weimarer Republik und dem Dritten Reich (Dublin 1989).

2 Für die eigene Einordnung der Deutschen Frage in die europäische und allgemeine Geschichte vgl. jetzt I. Geiss: Geschichte im Überblick. Daten und Zusammenhänge der Weltgeschichte, vor allem S. 208-214, 224-227, 253f., 266-272, 300-303, 381-387, 396-401, 407-415.

Indien, dem Kastengesellschaft und die religiöse Vorstellung vom Zyklus der Wiedergeburten allen, hinter der Fassade verwirrender Fülle von Variationen zum Trotz, doch eine erstaunlich stabile Gesamtgrundlage gaben.

Gewiß kam es immer wieder zu Versuchen, Europa imperial oder hegemonial zusammenzufassen, aber sie scheiterten letzten Endes immer wieder, früher oder später, vom allmählichen Niedergang des mittelalterlichen Römischen Reichs der Deutschen zugunsten des Aufstiegs anderer Großmächte, vor allem Frankreich und Spanien, bis zu den beiden Weltkriegen.[3] Das anti-hegemoniale Element im europäischen System steuerte auch die verschiedenen Antworten auf die Deutsche Frage seit 1806: Wenn es überhaupt keine Hegemonie einer europäischen Macht im Europäischen System geben durfte, konnte es auch keine deutsche Hegemonie geben. Dieser Mechanismus waltete wie ein ehernes Gesetz des Europäischen Systems, das keine Macht ungestraft ignorieren durfte oder darf, also auch nicht Deutschland, wie immer es politisch organisiert war.

Im Niedergang der ersten Großmacht mit hegemonialem Anspruch, des mittelalterlichen Römischen Reichs der Deutschen seit dem Thronstreit zwischen Staufern und Welfen (1198ff.), stieg das mittelalterliche Frankreich seit der Schlacht von Bouvines (1214) zur ersten Großmacht Europas auf. Frankreich behielt seinen Rang als erste und lange Zeit stärkste Großmacht Europas über alle inneren und äußeren Schwächungen hindurch, z.B. während der zweiten Expansion des mittelalterlichen England in Frankreich im Hundertjährigen Krieg (1337/39-1453), während Bürgerkriegen und inneren Konflikten, vor allem in den Hugenottenkriegen (1562-98). Für eineinhalb Jahrhunderte wurde Spanien europäische Großmacht, zumal im Bündnis mit dem niedergehenden Reich seit der spanischen Heirat der Habsburger. Seit Spaniens Ausscheiden als Großmacht im Pyrenäenfrieden (1659) riskierte das weiter expandierende Frankreich den zweimaligen Griff nach der europäischen Hegemonie, unter Ludwig XIV., in der bekannten Kette von Hegemonialkriegen (1662-1714), und nach der vom ersten Scheitern provozierten revolutionären inneren Umgestaltung, in der Phase der Französischen Revolution und unter Napoleon I. (1792-1815).

In Abwehr der drohenden Hegemonie Frankreichs vom Westen und des mit ihm seit 1526/36 verbündeten Osmanischen Reiches von Süd-

3 Noch immer lesenswert und lehrreich Ludwig Dehio: Hegemonie oder Gleichgewicht. Krefeld 1948.

osten etablierten sich die drei nächsten europäischen Großmächte der späteren Pentarchie,[4] jeweils durch größere Kriege - Österreich seit dem Abwehrsieg über die Türken vor Wien (1683) und dem sich anschließenden offensiv nachdrängenden 4. Türkenkrieg, der mit dem Frieden von Karlowitz abschloß (1699); England am Ende des Spanischen Erbfolgekrieges mit dem Frieden von Utrecht (1713), der das Scheitern des ersten französischen Hegemonialversuchs völkerrechtlich sanktionierte; Rußland am Ende des teilweise gleichzeitig tobenden Großen Nordischen Krieges (1700-21) mit dem Frieden von Nystad (1721). Nystad schwächte auch die mit Frankreich verbündete Großmacht im Südosten (Osmanisches Reich), eliminierte die mit Frankreich verbündete Großmacht im Norden (Schweden) und eröffnete zugleich Rußland den Weg über das seit 1648/52 chronische Machtvakuum Polen in das inzwischen traditionelle Machtvakuum Deutschland.

Frankreich blieb auch nach Utrecht zwar Großmacht, aber die traumatische Niederlage löste die übliche schwere innere Krise aus, die Französische Revolution. Vom machthistorischen Standpunkt aus setzte die revolutionäre Umgestaltung mit Sturz des Ancien Régime, Ausschaltung der bisherigen Elite aus der Aristokratie und ihrer Ersetzung durch eine neue Elite aus dem Bürgertum, mit Modernisierung von Gesellschaft und Verwaltung ungeheure soziale Kräfte frei, die in den Eroberungskriegen des revolutionären und napoleonischen Frankreich fast zur Hegemonie über Europa führten. Napoleon mußte im Osten und Südosten seine Vorherrschaft allerdings mit der seit Nystad etablierten östlichen Hegemonialmacht Rußland teilen, an der Napoleon I. schließlich scheiterte, ebenso wie am hartnäckigen Widerstand der Seemacht England. Immerhin entwickelte das modernisierte Frankreich ein so gewaltiges Potential, daß erst das Zusammengehen aller anderen Großmächte und, abgesehen von Dänemark und Polen, der meisten übrigen Mittelmächte in einer Großen Allianz erforderlich wurde, um Frankreich 1813-15 niederzuringen.

Zwischen beiden gescheiterten Anläufen Frankreichs zur europäischen Hegemonie komplettierte der Aufstieg Preußens zur letzten, kleinsten und schwächsten Großmacht die europäische Pentarchie, am Ende des Siebenjährigen Krieges und durch seine Beteiligung an der 1. Teilung Polens (1763/72). Preußen stand seitdem stets im Schatten des mächtigeren und stärker expandierenden Rußland, das Preußen insge-

4 Derek McKay/H.M. Scott: The Rise of the Great Powers 1648-1815. London 1983.

samt dreimal rettete - 1762 mit dem separaten Ausscheiden Rußlands aus dem Siebenjährigen Krieg, im Frieden von Tilsit (1807) und in den sog. Befreiungskriegen (1813-15). Preußens größte welthistorische Bedeutung liegt daher darin, daß es durch seine innerdeutsche Expansion mit der Reichsgründung den machtpolitischen Rahmen für die Zwischenantwort auf die Deutsche Frage von 1871 gab, die sog. kleindeutsche Lösung.

Nach den gewaltigen Erschütterungen durch den zweiten Anlauf Frankreichs zur europäischen Hegemonie (1792-1815) institutionalisierte sich das europäische System der restaurierten Pentarchie im Konzert der europäischen (Groß)Mächte seit dem Wiener Kongreß (1815).[5] Zugleich wurde das von England/Holland seit Ende des 17. Jahrhunderts gegen Frankreichs ersten Anlauf zur Hegemonie formulierte und seitdem immer wieder verfochtene Prinzip des Gleichgewichts der Kräfte zum konstituierenden Prinzip des Konzerts der Mächte und damit der europäischen Pentarchie erhoben: Seit der Personalunion England/Holland unter Wilhelm III. von Oranien (1689-1701) bekämpfte England jede europäische Großmacht oder Koalition von Großmächten, die den Kontinent imperial oder hegemonial zu einigen versuchte. Der Grund liegt auf der Hand: Eine solche Zusammenfassung des Kontinents hätte Sprungbrett zu einer Invasion Englands werden können, wie sie Frankreich, später auch Deutschland, je zweimal konkret vorbereiteten (1692, 1803) bzw. weniger oder mehr ernsthaft ins Auge faßten, unter Wilhelm II. noch vor Beginn deutscher "Weltpolitik" (1892) und unter Hitler auf dem Höhepunkt seiner Macht nach dem Blitzsieg über Frankreich im Sommer 1940. England zog damit nur eine Konsequenz aus dem anti-hegemonialen Konstruktionsprinzip des europäischen Systems, verband sein eigenes nationales Machtinteresse als fortan führende See- und Kolonialmacht mit dem Interesse der anderen, von einer Hegemonie bedrohten Groß- und Mittelmächte. England hielt sich so den Rücken gegen den europäischen Kontinent für den eigenen Aufstieg zur faktischen See- und Weltherrschaft frei, indem es die europäischen Mächte gegeneinander ausbalancierte, eben durch das von England definierte Gleichgewicht der Mächte.

Spätestens seit dem Wiener Kongreß galt für rund eineinhalb Jahrhunderte die britische Interpretation des Gleichgewichts der Kräfte, bis 1945 - Konkretisierung und Zuspitzung des europäischen Widerwillens

5 Francis R. Bridge/Roger Bullen: The Great Powers and the European States System: 1815-1914. London 1980, [5]1985.

gegen eine Hegemonie über Europa. Wer England herausforderte, mußte damit rechnen, zumindest die Mehrheit der übrigen Großmächte gegen sich zu haben. Das war die britische Einkleidung des oben schon skizzierten quasi-naturgesetzlichen Charakters anti-hegemonialen Grundgesetzes im Europäischen System. Die englische Interpretation des Gleichgewichts der Kräfte war somit keine grundsätzlich neue, sondern nur konkretisierte historische Rahmenbedingung für deutsche Politik, denn sie hatte sich zuvor schon gegen Frankreich unter Ludwig XIV. bzw. Napoleon I. gerichtet, nach dem Wiener Kongreß vor allem gegen Rußland, bis 1907.

Das Europäische System der Pentarchie, des Konzerts der Mächte und des Gleichgewichts der Kräfte beruhte daher seit dem Wiener Kongreß, in Fortsetzung älterer Tendenzen, auf der sorgfältigen Ausbalancierung der beiden letzten Endes damals mächtigsten Flügelmächte mit ganz konträren inneren Strukturen und äußeren Expansionsinteressen, England im Westen, Rußland im Osten, und der übrigen Groß- und Mittelmächte. England und Rußland betrieben ihre Expansion in Übersee bzw. auf dem eurasischen Kontinent unter Berücksichtigung oder Ausnützung inzwischen traditioneller Machtvakuen auf dem Kontinent - Italien als ältestes seit Agonie und Ende des Weströmischen Reiches (ab 401/476), Deutschland seit dem Niedergang des mittelalterlichen Römischen Reiches (ab 1198) und Polen ungefähr seit 1648/52.

Deutschland als Herzstück dieses zusammenhängenden innereuropäischen Machtvakuums fiel eine zentrale historische Rolle zu, schon weil es mit Österreich und Preußen zwei deutsche Großmächte enthielt, die zur europäischen Pentarchie gehörten. Die Macht Österreichs und Preußens relativierte zwar den Status Deutschlands als europäisches Machtvakuum, aber ihre Rivalität, institutionalisiert im deutschen Dualismus (1740-1866), neutralisierte das deutsches Machtpotential und zog die Intervention von europäischen Großmächten erst recht nach sich. Die Umwandlung des bisherigen Machtvakuums zu einem Machtzentrum durch die Reichsgründung 1871 wurde Hauptinhalt deutscher Antworten auf die Deutsche Frage. Ihre Konsequenzen sprengten, sicher von den Deutschen so nicht beabsichtigt, das Europäische System in zwei Anläufen mit den beiden Weltkriegen, die sich daher als deutsche Hegemonialkriege interpretieren lassen, in Parallele zu denen Frankreichs unter Ludwig XIV. und Napoleon I.[6]

6 So schon Ludwig Dehio (oben Anm. 3).

Da aber inzwischen die Industrialisierung als höchste Stufe ökonomischer Expansion mit dem Imperialismus die Weltpolitik erstmals tatsächlich und buchstäblich globalisiert hatte, trat 1945 an die Stelle des durch beide Weltkriege erschütterten, dann zerborstenen europäischen Systems - Pentarchie und europäisches Gleichgewicht der Kräfte unter europäischen Großmächten - das neue dualistische Weltsystem zweier miteinander rivalisierender Welt- oder Supermächte, USA und UdSSR. Ihnen gegenüber hatten und haben alle anderen Machtfaktoren bisher nur zweitrangige, allenfalls regional-subkontinentale Bedeutung.

Historisch nicht zufällig verläuft heute die weltpolitisch bedeutsamste Grenze zwischen beiden Weltmächten mit ihrem wiederum, wie einst im Falle England-Rußland um 1815, analogen Unterschieden in der inneren Verfassung, quer durch das gespaltene Europa, durch das geteilte Deutschland und durch die Enklave Berlin, wo sich die Spannungen mit Mauer und Stacheldraht am sichtbarsten, konkretesten und handgreiflichsten manifestieren. Selbst innerhalb des neuen Weltsystems, dessen Bipolarität auch wieder nur vorübergehenden Charakter haben mag, wirkt der anti-hegemoniale Grundcharakter des älteren Europäischen Systems weiter nach, zwar gebrochen und nur noch als sekundäres Machtprinzip, aber immer noch wichtig: Um die drohende deutsche Hegemonie abzuwehren, hatten die europäischen Großmächte die latente Weltmacht im Westen, die USA, in beiden Weltkriegen zur Hilfe gerufen, während sich die östliche Flügelmacht der Pentarchie, Rußland, nach der schweren Niederlage im Ersten Weltkrieg gegen Deutschland und der Oktoberrevolution 1917 auf sich selbst zurückgezogen hatte. Seine revolutionäre Umgestaltung, durchaus nach dem Vorbild der Französischen Revolution, hatte ein analoges Ergebnis: Das revolutionierte Rußland ging, seit 1922 als Sowjetunion, aus dem Zweiten Weltkrieg als zweite Weltmacht hervor, wenn auch mit erheblicher materieller und politischer Hilfe der beiden großen Westmächte, des älteren, niedergehenden England und der neuen, aufsteigenden USA gegen Deutschlands zweiten "Griff nach der Weltmacht" unter Hitler im Zweiten Weltkrieg.

Unter dem bipolaren Weltsystem, dem neuen internationalen System jetzt globalen Charakters mit seinen weltpolitischen Modifizierungen, blieb im analog geteilten Europa doch noch ein wesentlicher Mechanismus des alten, internationalen Systems der europäischen Pentarchie erhalten: Zwar mag das geteilte Europa die Hegemonie der beiden Weltmächte, die historisch und kulturell immerhin mit Europa, wenn auch auf unterschiedliche Weise, zusammenhängen, mehr oder weniger willig ertragen. Aber die Hegemonie einer *europäischen* Großmacht über Europa bleibt ausgeschlossen, es sei denn, sie sei so milde und so in europäische Institutionen eingebunden, daß sie aufhört, Hegemonie im traditionellen Sinn zu sein.

Die Deutsche Frage

In diesen überwiegend europäischen Rahmen wechselnder internationaler Systeme ist nun die Deutsche Frage einzuordnen. Mit ihr verquicken sich einige, gerade in der letzten Zeit, mehr oder minder heftig diskutierte Komplexe, die hier nur erwähnt, aber nicht näher behandelt werden können - Kontinuität der neueren deutschen Geschichte seit dem 19. Jahrhundert;[7] deutscher Sonderweg;[8] Einmaligkeit oder Einzigartigkeit deutscher Verbrechen, zugespitzt und symbolisiert in Auschwitz.[9]

Im Gegensatz zum sonst üblichen laxen Umgang mit dem Begriff "Deutsche Frage", der im allgemeinen ohne rationale Definition auskommt, sei hier eine Definition gewagt, allerdings in Form eines Rasters von Gegenfragen:

1.) Sollen die Deutschen überhaupt einen eigenen, gar einzigen Nationalstaat haben, der alle oder die meisten Deutschen politisch zusammenfaßt?

2.) Wenn ja: In welchen Grenzen?

7 Bernd Faulenbach: Ideologie des deutschen Weges. Die deutsche Geschichte in der Historiographie zwischen Kaiserreich und Nationalsozialismus. München 1980; David Blackbourn/Geoff Eley: Mythen deutscher Geschichtsschreibung. München 1980; eine erweiterte Fassung mit einer ausführlichen Einleitung, in englischer Sprache: The Pecularities of German History. London 1984.

8 Wilhelm Alff: Materialien zum Kontinuitätsproblem der deutschen Geschichte. Frankfurt/Main 1976; ders. (Hg.): Deutschlands Sonderweg von Europa 1862-1945. Studien zum Kontinuitätsproblem der deutschen Geschichte, Frankfurt/Main 1984; Fritz Fischer: Bündnis der Eliten. Zur Kontinuität der Machtstrukturen in Deutschland 1871-1945. Düsseldorf 1979; jetzt auch Helga Grebing u.a. unter Mitwirkung von Doris von der Brelie-Lewien und Hans-Joachim Franzen: Der "Deutsche Sonderweg" in Europa 1806-1945. Eine Kritik. Stuttgart 1986. Jeweils eng auf die preußisch-deutsche Geschichte des 19. und 20. Jahrhunderts beschränkt; auch Gregor Schöllgen: "Fischer-Kontroverse" und Kontinuitätsproblem. Deutsche Kriegsziele im Zeitalter der Weltkriege, in: Andreas Hillgruber, Jost Dülffer (Hg.): Ploetz. Geschichte der Weltkriege. Mächte, Ereignisse, Entwicklungen 1900-1945. Würzburg 1981.

9 "Historikerstreit". Die Dokumentation der Kontroverse um die Einzigartigkeit der nationalsozialistischen Judenverbrechen. München 1987.

3.) Mit welchen inneren Strukturen - zentraler Einheitsstaat oder lockerer Föderalismus?
4.) Mit welchen Methoden - kriegerisch oder friedlich?
5.) Mit welchen Konsequenzen, für Deutschland, seine unmittelbaren Nachbarn und Europa, darüberhinaus für die Welt?

Diese komplexe Definition in Frageform hat den Vorteil, daß sich mit ihr alle anderen nationalen Fragen der Neuzeit (polnische, südslawische, irische, italienische; armenische, jüdische, palästinensische usw.) ebenfalls analysieren und in Beziehung zueinander stellen lassen. Die Deutsche Frage bleibt so von vornherein in weitere europäische Zusammenhänge eingebettet, schon weil sie mit den nationalen Fragen des kontinentalen Europa im 19. Jahrhundert eng verbunden war. Auch so läßt sich die sonst landesübliche Verengung auf eine deutsch-nationale Bauchnabelschau vermeiden, ob konservativer, "rechter" oder progressiver, "linker" Provenienz und Einfärbung.

Als harter Kern der "Kontinuität" der jüngeren deutschen Geschichte schält sich die Kontinuität der Deutschen Frage heraus - mit unterschiedlichen Antworten in unterschiedlichen internationalen Systemen. Der Streit darüber, ob der deutsche Weg in diesen Komplexen nun ein (absoluter oder relativer) Sonderweg war oder nicht, wird demgegenüber irrelevant, zumal sich die Formel eines jüngeren englischen Historikers zu dieser Frage fruchtbar weiterentwickeln läßt. David Blackbourn, streitbarer Streitgenosse des streitbaren Geoff Eley, meinte kürzlich, in kritischer Auseinandersetzung mit der von der Wehler-Schule repräsentierten "Sonderweg"-Richtung, das deutsche Kaiserreich sei in seiner sozialen, ökonomischen und politischen Entwicklung weniger aus dem Rahmen als Ausnahme gefallen, sondern sei auf vielen Gebieten eher eine "intensivierte Variante innerhalb eines breiten Spektrums europäischer Möglichkeiten".[10] Setzt man an die Stelle von "intensivierte" die "oft extremste" Variante, so ergibt sich aus den Differenzen zum europäischen Durchschnitt auf verschiedenen Gebieten schon eine erhebliche Gesamtdifferenz zu Europa. Hinzu kommen einige echte Ausnahmen, die wirklich nur auf Deutschland zutreffen, jeweils mit weitreichenden, ja explosiven Konsequenzen - bis zum heutigen Tage:

1.) Auf Grund ihrer geographischen Lage in der Mitte Europas, ihrer erheblichen Volkszahl und des umfangreichen von Deutschen bewohnten Territoriums stiegen nur die Deutschen, allein durch ihre völlige oder

10 David Blackbourn in: The Pecularities of German History (Anm. 7), S. 292: "Germany was much more the intensified version of the norm than the exception."

annähernde politische Zusammenfassung in einen Staat gleichsam automatisch und über Nacht zur stärksten Macht auf dem Kontinent auf. Ohne ihr weiteres Zutun fiel den Deutschen daher unweigerlich eine offene oder verdeckte Hegemonialstellung über Europa zu, die bisher noch jedes europäische System sprengte.

2.) Bei keinem anderen Volk läßt sich der sonst durchaus übliche Wechsel im Status zwischen Machtvakuum und Machtzentrum so häufig und so extrem beobachten wie bei den Deutschen. Nirgends waren die Konsequenzen verheerender als im deutschen Fall der Neuzeit: 1806, 1871, 1914-18, 1933, 1939-45 markieren nur die äußeren Etappen dieser extremen Schwankungen zwischen Machtvakuum und Machtzentrum.

3.) Kein Volk der Erde hat mehr Nachbarn als die Deutschen - Dänemark, Holland, Belgien, Luxemburg, Frankreich, Schweiz, Österreich, CSR, Polen - allein, wenn man vom heutigen geteilten Deutschland ausgeht und nur die direkten Nachbarn zu Lande berücksichtigt. Indirekte Nachbarn über See (England; Schweden) und die zerfasertere politische Struktur des Alten Reichs oder des Deutschen Bundes würden die Zahl historischer Nachbarn noch weiter erhöhen, vor allem, wenn man das alte Österreich zur deutschen Geschichte hinzuzählt, ohne in großdeutsche Träume verfallen zu wollen. Dann kämen nämlich noch Italiener im Süden, Südslawen, Rumänen, Ungarn im Südosten, Ukrainer und Russen im Osten, Litauer im Nordosten dazu. Die besonders fragmentierte und diffuse Nachbarschaft der Deutschen provoziert aber, gemäß dem nützlichen Diktum von Macchiavell: "Der Nachbar ist der Feind; der Nachbar des Nachbarn ist der natürliche Verbündete" daher zumindest latente Reibungsflächen und Konfliktfelder in besonders großer Zahl.

4.) Im Gegensatz zu allen anderen Machtzentren der Weltgeschichte, die sonst stets an der Peripherie älterer Machtzentren entstanden und von dort aus weiter expandierten, konstituierte sich Deutschland als neues Machtzentrum mit der Reichsgründung 1871 in der Mitte des europäischen Machtzentrums der Pentarchie neu, also im Zentrum eines Machtzentrums. Für die an sich üblich anschließende Expansion eines neuen Machtzentrums hatte das 2. Deutsche Kaiserreich somit keinen Raum, ohne direkt und sofort mit einer anderen Großmacht zusammenzustoßen, die zur Erhaltung des Gleichgewichts der Kräfte ebenfalls unentbehrlich waren.

5.) Aus langfristigen sozioökonomischen Gründen lag Deutschland - nicht nur formal, also geographisch, sondern auch inhaltlich und politisch - in einem sich durch die Industrialisierung zusätzlich aufladenden

Spannungsfeld zwischen West und Ost. Seit dem Aufstieg Englands und Rußlands zu europäischen Großmächten mit einer Hegemonialstellung jeweils in Übersee bzw. auf weiten Teilen des eurasischen Kontinents polarisierten sich die Spannungen zwischen beiden Flügelmächten des europäischen Systems, seit 1945 fortgesetzt zwischen den gegenwärtigen Welt-Supermächten, den USA und der SU. Aus inneren, strukturellen Gründen wuchs daher eine wachsende Unsicherheit über die klare Zugehörigkeit Deutschlands insgesamt, zum Westen oder Osten. Die Folgen waren für Deutschland besonders verheerend - innenpolitische Labilität, häufiges Schwanken in der Außenpolitik zwischen West und Ost, bis hin zum ideologisierten deutschen "Sonderweg".

Aus der Definition für die Deutsche Frage und den soeben umrissenen welthistorischen Ausnahmen lassen sich wesentliche Etappen des deutschen Weges durch die europäische Geschichte ableiten, die auch die gegenwärtige Phase der Deutschen Frage erhellen, von innen (deutscher Geschichte) und außen (europäischer Geschichte):

Deutsche Geschichte im engeren Sinn beginnt mit der Zusammenfassung von vier deutschen Stämmen zum deutschen Königtum (911/19), das schlagartig stärkste Macht zwischen dem Emirat bzw. Kalifat von Cordoba im Westen und Byzanz im Osten war. Mit dem Sieg über die Ungarn bei Augsburg (955), buchstäblich gekrönt von der Kaiserkrönung Ottos I. in Rom (962), wurde Deutschland erstes Machtzentrum im lateinischen Europa seit dem Untergang Westroms. Seit dem Thronstreit zwischen Staufen und Welfen (1198) stieg das Reich allmählich zu einem relativen Machtvakuum ab, ratifiziert durch Dreißigjährigen Krieg und Westfälischen Frieden (1648), nochmals durch die Kriege des revolutionären und napoleonischen Frankreich (1792-1815).

Als Reaktion gegen die handgreiflich dokumentierte Machtlosigkeit der Deutschen bildeten sich an den Ostgrenzen drei miteinander konkurrierende Machtkerne - Österreich, Sachsen und Preußen. Österreich und Preußen stiegen zu europäischen Großmächten auf und machten zuletzt unter sich die Form aus, unter der Deutschland, nach dem Untergang des Alten Reiches (1806), wieder neues Machtzentrum wurde. Der Deutsche Bund (1815-66) hielt noch eine prekäre Balance zwischen dem Status Deutschlands als seit inzwischen über 600 Jahre lang traditionellem Machtvakuum und einem relativen Machtzentrum: Keine europäische Großmacht wollte Deutschland 1815 zu einer vereinigten und vollsouveränen Großmacht aufsteigen lassen, da sie das nach dem Sturz Napoleons I. mühsam genug wiederhergestellte Gleichgewicht Europas sofort gesprengt hätte.

Demographisches und ökonomisches Wachstum zu Beginn der Industrialisierung und der neue Nationalismus zersetzten aber allmählich die Kompromißlösung von 1815. Mit der Reichsgründung war Deutschland als 2. Reich ein erstrangiges Machtzentrum, dessen zweimaliger Anlauf zur machtpolitischen Expansion im "Griff zur Weltmacht"[11] zu den beiden Weltkriegen führte. Zwischen Erstem und Zweitem Weltkrieg war die Weimarer Republik zwar immer noch Großmacht, allen territorialen Beschneidungen und rüstungspolitischen Beschränkungen zum Trotz, aber außenpolitisch war sie nicht voll handlungsfähig, schon gar nicht expansionsfähig. Das 3. Reich beendete rasch alle Unklarheiten über den machtpolitischen Status Deutschlands: Auf dem Höhepunkt seiner Expansion als Großdeutsches Reich beherrschte es kurze Zeit fast den gesamten Kontinent, brach aber, wie eine Supernova, 1945 wieder zusammen.

Deutschland war 1945 neuerlich Machtvakuum, das zunächst die Besatzungsmächte in West und Ost ausfüllten. Im Gefolge von Wiederaufbau und Kaltem Krieg konzentrierten sich die Deutschen im geteilten Rumpf- und Restdeutschland, gleichsam als weiße Zwerge in West und Ost, als nächststärkste Macht hinter der jeweiligen Hegemonial-Weltmacht. Ähnlich wie 1815 ist keine klare Definition für Deutschlands Machtstellung in der Welt möglich - weder Machtvakuum, noch Machtzentrum, gar einheitliches oder souveränes Machtzentrum.

Die Fülle fragmentierter Nachbarschaften für die Deutschen hatte, wie alles auf dieser Erde, ambivalente Wirkung. Einerseits eröffnete sie die Chance zum fruchtbaren gegenseitigen Austausch. Andererseits schuf sie eine Fülle von Konfliktmaterial, immer dann, wenn Deutschland Machtzentrum wurde oder geworden war. Schon die Grenzziehung eines wie auch immer gearteten deutschen Nationalstaates machte, wie auch sonst in vergleichbaren Situationen, Konflikte unvermeidbar: Für die vielen kleineren Nachbarn bestand die große Gefahr, vom deutschen Machtzentrum verschlungen und absorbiert zu werden. Deutsche Expansion gegen die größeren Nachbarn, vor allem Frankreich im Westen, Rußland im Osten, provozierte deren Bündnis gegen Deutschland zur eigenen Existenzsicherung oder Machterhaltung.

Besondere Probleme ergaben sich für alle Gebiete, die im Mittelalter zum alten Reich gehört hatten, die der neu-deutsche Reichs-Nationalismus seit dem 19. Jahrhundert als membra disiecta wieder für ein

11 Fritz Fischer: Griff nach der Weltmacht. Die Kriegszielpolitik des kaiserlichen Deutschland, Düsseldorf 1961ff.

alldeutsch-großdeutsches Super-Reich reklamierte, namentlich die Schweiz und Holland im Westen, Böhmen/Mähren im Osten mit seiner tschechisch-deutschen Mischbevölkerung. Nochmals besondere Schwierigkeiten schuf die diffuse Siedlungsgeographie im Osten, die es unmöglich machte, nach dem seit 1917/18 neuen Prinzip des Nationalismus auch für die Deutschen klare nationale Grenzen zu ziehen, weil es keine relativ klaren stabilen Sprachgrenzen gab wie im Westen gegenüber Franzosen, im Norden gegenüber Dänen und im Süden gegenüber Italienern. Jede maximalistische Grenzziehung alldeutscher Prägung, wie sie im 3. Reich offizielle Realität wurde, mußte unvermeidlich eine Fülle nicht-deutscher Minderheiten in den großdeutschen Reichsverband hineinzwängen und damit dem Nationalstaat einen auf Dauer unerträglichen Zwangscharakter geben.

Mit dem formellen Untergang des alten Heiligen Römischen Reichs Deutscher Nation als Fernwirkung der Französichen Revolution unter Napoleon I. (1806) stellte sich erstmals die Deutsche Frage im präzisen, engeren Sinne, wie eingangs definiert. Zwischen dem Auftauchen der Deutschen Frage in ihrem eigentlichen, modernen Gewand und der Reichsgründung von 1871 als zweite, wie sich erwies auch nur provisorische Zwischenantwort, sind der Deutsche Bund von 1815 und die Revolution 1848/49 markante Knotenpunkte für die Beantwortung der deutschen Frage: Nach dem Zusammenbruch der französischen Hegemonie unter Napoleon wollte keine Macht eine deutsche Hegemonie ermöglichen, indem sie den Deutschen die Wiedererrichtung eines neuen Reiches als starkem Zentralstaat erlaubt hätte. Schon vor der Industrialisierung hätte die staatliche Zusammenfassung der meisten Deutschen in einem Staat genau diese Wirkung gehabt. Erst recht die nach 1815 anlaufende Industrialisierung ließ den Deutschen ein enormes demographisches, ökonomisches und intellektuelles Potential, damit auch militärische Macht zuwachsen, so daß sich die lockere Konföderation des Deutschen Bundes nur wenig länger als ein halbes Jahrhundert zu halten vermochte.

Der Deutsche Bund beließ Deutschland im prekären Schwebezustand zwischen relativem Machtvakuum und sich dann doch gegenseitig zu einem faktischen Machtvakuum neutralisierenden deutschen Großmächten Österreich und Preußen. Ohne gemeinsame Staatsspitze war die mögliche ausländische Intervention völkerrechtlich durch die Garantie der Mächte für die neue deutscher Verfassung festgeschrieben, praktisch durch die andauernde Rivalität zwischen Österreich und Preußen um die Vorherrschaft in Deutschland selbst. So vielgeschmäht der

Deutsche Bund lange im deutschen Geschichtsbewußtsein war, so sehr dämmern uns Nachgeborenen nach zwei Weltkriegen allmählich seine beträchtlichen Vorteile: Deutschland blieb mit seiner lockeren, diffusen, politischen Struktur eingebunden in die traditionellen Mechanismen der europäischen Pentarchie, ins Gleichgewicht der Kräfte, wie Friedrich Gentz, Metternichs politischer Berater und Publizist, damals schon scharfsinnig feststellte: Stark genug für die Defensive, zu schwach für die Offensive. In seiner relativen Schwäche ermöglichte der Deutsche Bund die kulturelle Einheit Deutschlands in reicher Vielfalt und auf einem relativ ausgedehnten Territorium.

Industrialisierung und sich in Deutschland als neuer Reichspatriotismus artikulierender Nationalismus fegten in zwei, wenn man will, drei Anläufen alle völkerrechtlichen und staatsrechtlichen Hindernisse beiseite - 1848/49, 1866/67, 1870/71. Revolution 1848/49 und Nationalversammlung in der Paulskirche warfen erstmals in präziser Form die Deutsche Frage auf und suchten eine politische Lösung durch eine Verfassung, die den Deutschen Bund ersetzen sollte. Mit der Frage nach der Grenzziehung brachen jedoch fast rundum neue Konflikte mit den zahlreichen Nachbarn auf - mit Dänen, Polen, Tschechen. Hinzu kamen interne Konflikte zwischen den Reichspatrioten um die beiden Hauptvarianten eines Deutschen Reiches - großdeutsch unter Führung Österreichs oder kleindeutsch unter Führung Preußens. Beide Lösungen hätten zur zunächst nur latenten Hegemonie Deutschlands über Europa geführt, ob die Deutschen wollten oder nicht. Auch die Konstituierung eines noch so parlamentarischen, gar demokratischen Deutschland wäre nicht friedlich verlaufen. Zumindest gegen Dänemark und Rußland trieben gerade radikale Demokraten zum Krieg, zur unterschiedlich gearteten Befreiung Schleswig-Holsteins und Polens. Die Wiederherstellung eines deutschen Machtzentrums in der Mitte des europäischen Machtzentrums wäre eine der großen Veränderungen im internationalen System Europas gewesen, die bisher in der Weltgeschichte noch nie ohne Krieg vor sich gegangen sind.

Die Lösung der Deutschen Frage von unten durch Wiederherstellung eines wie auch immer konstruierten mächtigen Deutschen Reiches scheiterte daher 1849 an inneren Widersprüchen in Deutschland, weil sich die Deutschen selbst nicht auf eine einheitliche oder auch nur mehrheitsfähige Antwort auf ihre eigene nationale Frage einigen konnten. Nicht minder gravierend war die Haltung der übrigen Großmächte, die immer noch jeder Veränderung der deutschen Verfassung ihre Zustimmung geben mußten und durften.[12] Sie waren an der Wiederauferstehung einer starken deutschen Großmacht nicht interessiert, eben weil sie die hegemonialen Konsequenzen einer solchen neuen Machtzusammenballung für das europäische Gleichgewicht sahen und fürchteten. Zusätzlich lehnte das zaristische Rußland, als Hort der Autokratie und Reaktion, ein neues Deutsches Reich ab, das aus Revolution und liberalem Umsturz emporgetaucht wäre.

Die Reichsgründung setzte sich auf einem inzwischen höheren Niveau der Industrialisierung Deutschlands und in einer internationalen Konstellation nach dem Krimkrieg (1853-56) durch, die ein teilweises Machtvakuum auf dem Kontinent hatte entstehen lassen: Nach dem Krimkrieg waren die beiden aus Europa unterschiedlich herausgewachsenen Flügelmächte, England und Rußland, mit ihren spezifisch inneren Verhältnissen und mit ihrer global-maritimen bzw. kontinentalen Expansion auf dem eurasischen Kontinent so sehr beschäftigt, daß sie sich vom Kontinent faktisch zurückzogen. So stand Frankreich isoliert, durch das Zweite Kaisertum Napoleons III. illusionär in seiner Macht überbewertet, der Deutschen Frage allein gegenüber. War 1813/15 noch die Koalition fast aller übrigen europäischen Mächte nötig gewesen, um das napoleonische Frankreich niederzuringen, so unterlag Frankreich diesmal dem sich einigenden Kleindeutschland im "Debakel" von 1870, während das übrige Europa zusah.

Die Folgen der Reichsgründung waren dramatischer, als die Schulgeschichtsbücher ahnen lassen: Deutschland war nach fast 700 Jahren, historisch gleichsam über Nacht, zur europäischen Super-Kontinentalmacht emporgeschnellt, nach Siegen über zwei Großmächte (Österreich, Frankreich) und eine Mittelmacht (Dänemark). Frankreich und Österreich waren als Großmächte mit der Reichsgründung und dem weitergehenden ökonomischen und demographischen Wachstum Deutschlands erst recht deklassiert. Die äußerlich noch intakte kontinentale Großmacht Rußland wollte nach dem Krimkrieg mit einer gezielten Industrialisierung seine notorische Rückständigkeit überwinden. Aber die Reichsgründung verstärkte Rußlands Rückständigkeit gegenüber Deutschland nur noch weiter. Seit 1871 war das traditionelle Gleichgewicht der Kräfte in Europa nachhaltig gestört: Alle übrigen Mächte und Völker mußten von nun an auf Deutschlands atemberaubende Dynamik reagieren. Es versuchte nunmehr, seine Definition des Gleichgewichts der Kräfte an

12 Werner E. Mosse: The European Powers and the German Question, 1848-71, with special reference to England and Russia. Cambridge 1958.

die Stelle der englischen Definition zu setzen, sicher nicht in einer bewußten Aktion, sondern allein schon durch das noch stürmisch weiterwachsende Schwergewicht des jungen Reiches.

Wie bisher noch alle neuen Machtzentren würde auch das Deutsche Reich weiter expandieren, früher oder später, nach einer kürzeren oder längeren Konsolidierungs- und Beruhigungsphase nach innen wie außen. Bismarcks Kontinentalpolitik zielte auf Konsolidierung und implizierte eine gewisse Bescheidung deutscher Ziele durch die Konzentration auf den europäischen Kontinent. Expansion auf dem Kontinent schien aussichtslos, da Europa die Wiederholung von 1870/71 gegenüber Frankreich nicht zulassen würde, wie die Krieg-in-Sicht-Krise von 1875 drastisch demonstriert hatte.[13] Am Ende der Großen Depression (1873-95) galt Bismarcks Politik kontinentaler Selbstbescheidung, modifiziert fortgesetzt von seinem ersten Nachfolger Caprivi, als altmodisch und überholt. Sie wurde von der neuen Phase der "Weltpolitik" abgelöst, der deutschen Variante imperialistischer Expansionspolitik.

Während die deutsche Industriemacht immer weiter anwuchs, geradezu in globale Dimensionen, avancierte erst die deutsche Schlachtflotte, als harter Kern deutscher Weltpolitik, zur großen Herausforderung gegenüber England, der maritimen Weltmacht.[14] Gleichzeitig durchschnitt die deutsche Expansion in den Orient über Österreich-Ungarn und den Balkan ins Osmanische Reich traditionelle russische Expansionslinien nach Süden, so daß sich Deutschland mit seiner Weltpolitik schrittweise selbst auskreiste. Seitdem in den letzten Vorkriegsjahren die Weltpolitik offensichtlich steckenblieb, wandte sich Deutschland nunmehr wieder der kontinentalen Expansion zu und verstärkte die Armee gegenüber der Flotte.[15] Österreich-Ungarn erschien fortan erst recht als Korridor zum Balkan und Orient, historisch als Verlängerung des alten Reichs und des Deutschen Bundes vor 1866. Im Ersten Weltkrieg kristallisierte sich aus der Erfahrung des Zweifrontenkriegs die Konzep-

13 Andreas Hillgruber: Die "Krieg-in-Sicht-Krise" 1875 - Wegscheide der Politik der europäischen Großmächte in der späten Bismarck-Zeit, in: Gedenkschrift für Martin Göhring, hrsg. von Ernst Schulin. Wiesbaden 1968, S. 239-252; ders.: Bismarcks Außenpolitik. Freiburg 1972ff.; ders.: Die gescheiterte Großmacht. Eine Skizze des Deutschen Reiches 1871-1945. Düsseldorf 1980.

14 Volker Berghahn: Der Tirpitz-Plan. Genesis und Verfall einer innenpolitischen Krisenstrategie unter Wilhelm II. Düsseldorf 1971; Paul M. Kennedy: The Rise of the Anglo-German Antagonism 1860-1914. London 1980.

15 Fritz Fischer: Krieg der Illusionen. Die Deutsche Politik von 1911 bis 1914. Düsseldorf 1969.

tion des deutschbeherrschten Mitteleuropa, Erweiterung des alten Reichs[16].

Ein deutsches Mitteleuropa war in zwei Varianten denkbar, einer alldeutsch-chauvinistischen, vertreten durch die 3. OHL unter Ludendorff, und einer eher liberal-gemäßigten, im Extrem vertreten von Kurt Riezler, aber auch bei ihm als Grundlage zu einer deutschen Weltmachtstellung als Vorstufe zur späteren Weltherrschaft.[17]

Deutsche Weltpolitik läßt sich zugleich als materialisierter deutscher Sonderweg verstehen. Aus strukturellen Gründen, die aus der in Deutschland besonders komplizierten Spannung zwischen Landwirtschaft und Industrie herrühren, konnte sich auch das wilhelminische Deutschland nie für ein Bündnis mit England oder Rußland entscheiden, mithin für eine machtpolitische Orientierung an den Westen oder den Osten:[18] Ein Bündnis mit Rußland, dem traditionellen Protektor Alt-Preußens, hätte ideologisch und innenpolitisch zwar im Interesse der ostelbischen Junker gelegen, die politisch tonangebend für die Agrarier waren, wäre aber seit 1878/79 an ihren ökonomischen Interessen gescheitert, da sie sich gegen das billigere Getreide aus Rußland mit dem agrarischen Schutzzoll verteidigten. Selbst wenn ein Bündnis mit Rußland zustandegekommen wäre, mit allen innenpolitischen Konsequenzen einer Reaktion, so wäre der Konflikt mit dem industriellen Deutschland, überwiegend im Westen - liberalem Bürgertum und Industriearbeiterschaft - unausweichlich geworden. Umgekehrt hätte ein Bündnis mit dem Westen das industrielle Deutschland bevorzugt, und die Gefahr eines Staatsstreichs von Rechts wäre akut gewesen.[19] In beiden Fällen wären innere Konflikte bis zum Bürgerkrieg möglich gewesen, die, wie schon Bismarck befürchtete, die Intervention der Großmächte und die Auflösung des Reiches provoziert hätten.

Aus inneren Gründen, die mit der unsicheren Stellung Deutschlands zwischen West und Ost zusammenhängen, kam es daher zu keiner Festlegung Deutschlands auf den Westen oder Osten in seiner Außenpolitik. Stattdessen paralysierten sich die auf den inneren Kompromiß

16 Ders.: Griff nach der Weltmacht.

17 Imanuel Geiss: Kurt Riezler und der Erste Weltkrieg, jetzt in: ders.: Das Deutsche Reich und der Erste Weltkrieg. München ^{4}1985, S. 116-147, besonders S. 133-139.

18 In Kombination von Eckart Kehr und G.W.F. Hallgarten skizziert bei I. Geiss: German Foreign Policy 1871-1914. London 1976, S. 13-16.

19 Michael Stürmer: Staatsstreichgedanken im Bismarckreich, in: Historische Zeitschrift 209 (1969), S. 566-615.

angelegten Hauptkomponenten des Deutschen Reiches - Landwirtschaft und Industrie - derart nach außen, daß der außenpolitische Kompromiß in der Weigerung bestand, sich für West oder Ost machtpolitisch zu entscheiden, wegen der destabilisierenden Konsequenzen nach innen. Das wilhelminische Deutschland führte in seiner Weltpolitik vielmehr einen machtpolitischen Rundschlag gegen West und Ost gleichzeitig aus, der konsequent in den Ersten Weltkrieg als Mehrfrontenkrieg gegen fast die gesamte übrige Welt mündete. Und einen solchen Weltkrieg konnte auch die gewaltige Industriemacht Deutschland nicht gewinnen.

Die militärische Niederlage gegen die vielzitierte "Welt von Feinden" führte 1918 zu dem in solchen Situationen üblichen inneren Kollaps - Zusammenbruch und Revolution. Gleichzeitig stellte sich mit der Auflösung der Donaumonarchie die Deutsche Frage neu: Selbst die Konstellation der Jahreswende 1918/19 schien nämlich eine Kompensation für die sonstigen territorialen Verluste mit dem Anschluß Deutschösterreichs und Deutschböhmens zu bieten - die kleinere großdeutsche Variante, die 1848/49 am Widerstand der Deutschen Österreichs gescheitert war, damals ihre nicht-deutschen Gebiete preiszugeben, die die eigentliche Grundlage ihrer Macht gewesen waren. Die siegreichen Alliierten schoben aber 1919 allen großdeutsch-republikanischen Träumen mit ihrem Anschlußverbot einen Riegel vor, weil sie das mühsam niedergerungene kleindeutsche Reich nicht durch eine rein-deutsche großdeutsche Lösung sofort wieder zu einer Hegemonialmacht erheben wollten. Gleichwohl drängte das vom deutschen Nationalsozialismus machtpolitisch erneuerte Reich als "3. Reich" doch zur Konsequenz des Anschlusses, unterstützt durch die überwältigend große Popularität des großdeutschen Gedankens in Österreich, innerhalb wie außerhalb der österreichischen NSDAP.

Das territorial reduzierte kleindeutsche Reich der Weimarer Republik setzte in der veränderten Konstellation das inzwischen traditionelle Schwanken Deutschlands zwischen West und Ost fort, unbeschadet der Tatsache, daß sich der Osten mit der Oktoberrevolution inhaltlich radikal anders definierte als zuvor mit dem zaristischen Rußland. Anstelle der Junker und Konservativen wurde die KPD zur stärksten "russischen" Partei, und die Weimarer Republik versuchte geschickt, die Westalliierten gegen Sowjetrußland auszuspielen. Rapallo 1922 einerseits und Locarno 1925 andererseits, beide modifiziert durch den Berliner Vertrag 1926, sind nur äußere Etappen für Deutschlands komplexes Wechselspiel zwischen West und Ost. Inhaltlich lief es, den veränderten Machtverhältnissen in Europa entsprechend, darauf hinaus, sich festen

Bindungen zu entziehen, um, nach einer machtpolitischen Erholung, freie Hand für eine Revision des Versailler Vertrags zu gewinnen. Einer begrenzten Kooperation mit Frankreich nach Westen seit Locarno 1925 entsprach eine verdeckte Zusammenarbeit mit der Sowjetunion seit Rapallo 1922 gegen das beidseitig ungeliebte Polen.

Das 3. Reich setzte die deutsche Schaukelposition abwechselnd fort, allerdings zunächst mit Polen als verdecktem Partner (1934-38), das dann zugunsten der mächtigeren Sowjetunion mit dem Nichtangriffspakt 1939 fallengelassen und geopfert wurde. Der deutsch-sowjetische Nichtangriffspakt und die in seinem geheimen Zusatzprotokoll vorgezeichnete erneute Teilung Polens zwischen Deutschland und Rußland machten die SU zugleich zum neuen verdeckten Bündnispartner Deutschlands in der ersten Phase des Zweiten Weltkrieges. Die scheinbare Festlegung des nationalsozialistischen Deutschland für den (kommunistischen) Osten erwies sich mit dem Überfall auf die Sowjetunion 1941 endgültig als taktisches Manöver Hitlers und gab dem Kommunismus fortan den antifaschistischen Bonus, mit dem er nach 1945 in der Welt so kräftig wucherte. Aber selbst in der letzten Phase des Zweiten Weltkrieges, als das 3. Reich in die Defensive zurückgedrängt war, blieb die Unsicherheit über die deutsche Festlegung zwischen West und Ost, da sowohl Teile der Reichsführung als auch des deutschen Widerstandes zwischen einem Separatfrieden mit oder gegen die SU hin und her schwankten.

Durch den abermaligen Kollaps der großdeutschen Supernova 1945 beantwortete sich die Deutsche Frage, einbegriffen der Frage nach der Zuordnung der Deutschen nach West oder Ost, auf die bekannte Weise: Da sich die Deutschen nicht hatten einigen können, wohin sie gehörten, wurde Rumpfdeutschland eben zwischen Ost und West geteilt, ungefähr entlang der alten Strukturgrenze der Elbe, die nun als Grenze zwischen den beiden Weltsystemen eine weltpolitische Bedeutung erhielt. Im Aufstieg der beiden deutschen Nachfolgestaaten des Deutschen Reiches zur stärksten Mittelmacht hinter ihrer jeweiligen Hegemonialmacht veränderte sich die Deutsche Frage abermals. Denn nach allen historischen Erfahrungen drängt der gegenwärtige Schwebezustand zwischen relativem Machvakuum - Anwesenheit fremder Truppen in Friedenszeiten, und relativen, wenn auch durch einen neuen deutschen Dualismus sich gegenseitig neutralisierenden regionalen Machtzentren - zur Auflösung nach der einen oder anderen Seite.

Die vielberufene deutsche Wiedervereinigung erweist sich immer mehr als gefährliche, weil abermals hochexplosive Illusion: Eine staatliche Wiedervereinigung der Deutschen bis zur Oder-Neiße-Grenze in einem Nationalstaat würde Deutschland wieder über Nacht zum stärksten Machtzentrum auf dem Kontinent erheben, selbst die SU in ihrem gegenwärtig maroden Zustand übertreffend. Die Dynamik nationaler Forderungen würde früher oder später weitergehen und auch die Oder-Neiße-Grenze in Frage stellen. Eine Wiedervereinigung Deutschlands, wenn sie faktisch als Restauration des Bismarckreichs käme, würde selbst in republikanischer Form vermutlich einen neuen Großmachtchauvinismus begünstigen oder provozieren. Er würde das ganze historische Karussel von Konstituierung Deutschlands als neues Machtzentrum erneut in Bewegung setzen - Expansion - Krieg - Kollaps. Es lassen sich verschiedene Szenarios für eine deutsche Wiedervereinigung ausdenken - nach Westen oder Osten oder zunächst mit einer Neutralisierung zwischen West und Ost. Sie führen aber alle zumindest bis zum Rande eines dann wohl Dritten Weltkrieges und müßten eigentlich den Zusammenbruch der einen oder der anderen gegenwärtigen Welt-Supermächte voraussetzen oder nach sich ziehen, also den katastrophalen Zusammenbruch des gegenwärtigen internationalen Weltsystems.

Alle Projektionen in die Zukunft sollen nur die Grundthese unterstreichen - eine noch so friedliche Wiedervereinigung Deutschlands in noch so honoriger Absicht als deutscher *Nationalstaat* als Antwort auf die Deutsche Frage, wie sie als Forderung oder in Sonntagsreden immer wieder auftaucht, bleibt weiterhin unwahrscheinlich. Sie ist eine selbstmörderische Chimäre, auf jeden Fall mit solchen Risiken für die Deutschen wie das internationale System belastet, daß die Deutschen besser tun, sie nicht mehr als politisches Ziel aktiv zu verfolgen. Stattdessen müßten sie sich realistisch der unerbittlichen Alternative stellen: Wiedervereinigung Deutschlands als Nationalstaat oder Erhaltung des Weltfriedens, soweit sie an Deutschland liegt. Die Deutschen müßten erkennen und anerkennen, daß sie in einer Beziehung tatsächlich einen Sonderfall der Weltgeschichte darstellen, eben wegen der oben umrissenen Faktoren und Mechanismen: Gibt es schon kein Naturrecht auf staatliche Vereinigung aller Angehörigen einer Sprachgruppe oder eines wie auch immer definierten Volkes, so ist die Option für Erhaltung des Weltfriedens die heute allein noch angemessene Form, in der die Deutschen ihr nationales Selbstbestimmungsrecht betätigen müssen, um des Friedens willen. Alles andere wäre nationale Wehleidigkeit und Weinerlichkeit, die früher oder später das gegenwärtige relative Vakuum nationalen Denkens in Deutschland mit gefährlichen Extremen von rechts oder links anfüllen würde.

Für uns Deutsche im Westen ist die Bundesrepublik Deutschland unsere politische Nation, und wir könnten zufrieden sein, wenn es für die DDR eine Art österreichische Lösung gäbe, wie sie Adenauer vor 30 Jahren schon zumindest in vertraulichen Gesprächen vorgeschlagen hatte. Mehr ist nicht möglich, und die Deutschen sollten sich damit abfinden, die Lage von sich aus akzeptieren, wenn sie nicht durch erneute weltpolitische Aufbrüche zu neuen Ufern alles seit 1945 wieder Erreichte abermals aufs Spiel setzen wollen, damit auch den Weltfrieden insgesamt.

Daher sollten die richtigen historischen Lehren so aussehen:

1.) Jede nationalstaatliche Wiedervereinigung Deutschlands, gar als Restauration des Bismarckreiches unter welcher Form auch immer, würde Deutschland automatisch wieder zur kontinentalen Super-Großmacht machen und jedes europäisches wie weltpolitisches System katastrophal sprengen.
2.) Die Deutschen müssen sich klar und unzweideutig zwischen Erhaltung des Friedens und Wiedervereinigung entscheiden. Unter gegenwärtigen und auf absehbare Zukunft vorauszusehenden Bedingungen ist Wiedervereinigung friedlich nicht zu erreichen.
3.) Die gegenwärtige Teilung Deutschlands ist u.a. Konsequenz aus der strukturellen Unfähigkeit der Deutschen in der Vergangenheit, sich insgesamt und für alle Dimensionen ihrer Existenz (Wirtschaft, Kultur, Politik etc.) eindeutig und uneingeschränkt für den Westen oder Osten zu entscheiden.
4.) Für die Deutschen in der Bundesrepublik, die allein frei über ihre politische Gestaltung entscheiden können, sind die Akzeptierung der Bundesrepublik als ihren nationalen Staat und die Zugehörigkeit zum Westen unabdingbare Voraussetzungen für ihre weitere Existenz in der bisherigen Form. Jeder nationale Neutralismus, ob von rechts oder links kommend, würde die alten Unsicherheiten und Unberechenbarkeiten über Deutschland und die Deutschen in neuer Form wiederbeleben, zugleich auch die Sprengkraft der deutschen Frage. Eine Forcierung der Wiedervereinigung würde vollends zum Krieg oder zumindest zum Rande des Krieges führen.
5.) Um der Erhaltung des Friedens willen haben die Deutschen die nationale Beschränkung im geteilten Deutschland als ihre Form der Ausübung ihres Selbstbestimmungsrechts zu betätigen. Positive politische Identifizierung kann sich für uns nur auf die Bundesrepublik Deutschland beziehen.

6.) Sollte - wider alles vernünftige Erwarten - den Deutschen die staatliche Wiedervereinigung auf Grund neuer weltpolitischer Konstellationen doch noch friedlich gleichsam in den Schoß fallen, so müßten sie auch dann Europa und ihren Nachbarn alle erdenkbaren und durchführbaren Garantien gegen Wiederaufleben jeglicher deutscher Hegemonialtendenzen geben. In lockeren Konföderationen und europäischen Konstruktionen könnten sich Bauprinzipien an der EG einerseits, am alten Deutschen Bund (1815-65) andererseits orientieren, um zu tragfähigen, allseits zumutbaren und akzeptierten europäischen Lösungen zu kommen. Sie müßten das alte nationalstaatliche Prinzip durch übernationale Konstruktionen elementar auflösen und ersetzen. Nur so wäre ein politisches Zusammenkommen der Deutschen denkbar und erträglich, für sie selbst und für ihre Umwelt.

Ganz neue Perspektiven ergäben sich jedoch aus dem nun seit fast zwei Jahrzehnten anhaltenden demographischen Rückgang der Deutschen: 20 - 30 Millionen weniger Deutsche in einigen Jahrzehnten, sollte der gegenwärtige Trend anhalten, würde, ohne entsprechenden Bevölkerungsschwund bei den deutschen Nachbarn, die Angst vor dem numerischen Übergewicht der Deutschen bei einer Wiedervereinigung automatisch mindern. Die Deutschen hätten dann nicht mehr die kritische Masse, die das Europäische System bisher noch immer zerriß, waren die Deutschen in einem mächtigen Nationalstaat politisch vereint.

PS Oktober 1989:

Zwei Jahre nach diesem Referat stellt sich die Deutsche Frage durch die jüngsten Ereignisse im zerfallenden Ostblock ganz neu. Grundsätzlich war das Ausmaß der Veränderungen als Antwort auf die langfristigen Strukturfehler und Widersprüche im kommunistischen System vorauszusehen, auch mit ihren Konsequenzen. Aber das sich gegenwärtig fast schon überstürzende Tempo war nur zu ahnen, vor allem der rapide Machtverfall des SED-Regimes. Insgesamt bestätigen die Veränderungen die politisch-historische Analyse. Wer auch immer jetzt von deutscher Wiedervereinigung und Rückkehr zu den Ostgrenzen von 1937 träumt, spielt mit dem Feuer. Für die Umgestaltung der UdSSR am Rande des Abgrunds wie für das sich demokratisch erneuernde Polen wären solche Forderungen ebenso viele Schläge ins Gesicht. Andererseits kann es nicht darum gehen, das allseits ungeliebte DDR-Regime künstlich zu konservieren, gar noch durch Repression. Eine "österreichische Lösung" (Adenauer) für eine sich von innen erneuernde DDR im Rahmen eines sich konföderativ reorganisierenden "Europäischen Hauses" könnte das Maximum sein, was Deutsche als konstruktiv-friedliche Antwort auf ihre chronische Frage erreichen könnten. Eine solche nicht-nationalstaatliche Lösung wäre eingebettet in europäische Lösungen, die das anti-hegemoniale Grundprinzip des Europäischen Systems modifiziert fortsetzen würde, zum Nutzen aller Beteiligten.

DEUTSCHLAND ALS RECHTSPROBLEM

Michael Bothe

1 Einleitung

Die Entwicklung der deutschen Frage nach dem Zweiten Weltkrieg kann man durchaus als ein Lehrstück zum Thema Recht und Politik ansehen, und dies nicht nur in den internationalen Beziehungen.[1] Es sei dem Juristen nicht als falsche Bescheidenheit oder gar als Schuldzuweisung ausgelegt, wenn er hier dem Primat der Politik das Wort redet. Denn wie im folgenden zu zeigen sein wird, sind die rechtlichen Konstruktionen, mit denen Juristen in der Deutschlandfrage so manches rechtsarchitektonische Meisterstück vorgelegt haben, vielfach rechtlich nicht zwingend, sondern vornehmlich politisch zu erklären. Diese Bescheidenheit steht, so meine ich, dem Rechtswissenschaftler wohl an. Sie kennzeichnet freilich in keiner Weise die Praxis, in der der politische Kampf um die deutsche Frage weitgehend mit rechtlichen Waffen geführt wurde und teilweise immer noch geführt wird.

Die Tatsache, daß das Rechtsargument einen so hohen Stellenwert in der politischen Auseinandersetzung um das Deutschlandproblem hatte und auch heute noch hat, führt zu zwei Konsequenzen. Einerseits stehen die Rechtspositionen sehr stark unter dem Druck der politischen Großwetterlage, sie wandeln sich mit dieser. Da aber Rechtspositionen ihr Eigenleben jenseits von politischem Wandel führen, erweisen sich rechtliche Konstruktionen andererseits auch als Stricke, die man freilich wahlweise als Halteseile oder Fallstricke verwenden kann. Kommt es ganz schlimm, so verschlingen sich diese Stricke zu einem gordischen Knoten, für den das Schwert Alexanders des Großen eine sehr unjuristische Auflösung bedeutet.

1 Vgl. R. Bernhardt, Die Rechtslage Deutschlands, JuS 1986, S. 840; derselbe, Die deutsche Teilung und der Status Gesamtdeutschlands, in: Isensee/Kirchhof (Hrsg.), Handbuch des Staatsrechts, Bd. 1, 1987, S. 321ff.

Sinn der folgenden Ausführung ist es, Wandel und Beständigkeit von Rechtspositionen als Funktion der Entwicklung der politischen Verhältnisse zu zeigen. Von daher ist eine Periodisierung des Gegenstandes geboten, die zeitliche Einschnitte durch juristisch relevante Ereignisse markiert, die freilich ihrerseits eine Funktion der sich wandelnden politischen Verhältnisse sind. Dies führt zu folgender Aufteilung der Entwicklung:

a) Von der bedingungslosen Kapitulation bis zum Inkrafttreten zweier deutscher Verfassungen (1945–1949, frühes Besatzungsregime);
b) vom Inkrafttreten der Verfassungen zur Gewährung der Souveränität durch die jeweiligen Besatzungsmächte (1949–1954/55);
c) von der Wiedergewinnung der Souveränität zu den Ostverträgen (1954/55–1970/73);
d) nach den Ostverträgen.

2 Das frühe Besatzungsregime

Die erste Rechtsfrage, die sich nach der Kapitulation vom 8. Mai 1945 stellte (und die bis heute bedeutsam geblieben ist) ist die, ob das Völkerrechtssubjekt „Deutsches Reich"/Deutschland diesen Tag überlebt hat oder ob es untergegangen ist. An dieser Stelle pflegt häufig Kelsen mit seiner These vom Untergang des Reiches zitiert zu werden.[2] Seine These ist staatstheoretisch interessant, aber praktisch bedeutungslos geblieben. Die relevanten Akteure, d.h. vor allem die Besatzungsmächte, haben sich jedenfalls zunächst in einer Weise verhalten, die nur den Schluß zuläßt, daß sie vom Fortbestand des Völkerrechtssubjekts Deutschland ausgingen.[3] Dies trifft jedenfalls für die Vereinigten Staaten, Großbritannien und die Sowjetunion zu und entsprach aus unterschiedlichen Gründen ihren jeweiligen Interessen. Die Sowjetunion hatte nach der faktischen Westverschiebung Polens schon vor dem

2 Vgl. dazu R. Bernhardt, JuS 1986, S. 843; derselbe, in: Isensee/Kirchhof (Anm. 1), S. 341f.

3 J. Hacker, Der Rechtsstatus Deutschlands aus der Sicht der DDR, S. 78ff.; H. Mosler/K. Doehring, Die Beendigung des Kriegszustandes mit Deutschland nach dem Zweiten Weltkrieg, insbesondere S. 5ff.; O. Schröder, Der Status Deutschlands in Berlin, in: Recht, Wirtschaft, Politik im geteilten Deutschland, Festschrift für Siegfried Mampel, 1983, S. 71ff.; von Hannover, Die völkerrechtliche Stellung Deutschlands nach der Kapitulation, Diss. 1948, Nachdruck 1984, S. 59ff.

Potsdamer Abkommen kein Interesse mehr an einer weiteren Zerstückelung Deutschlands,[4] Deutschland als Einheit konnte vielmehr ein Haftungsobjekt für Reparationsforderungen sein. Auch Großbritannien und die USA hielten wohl ebenso wie die Sowjetunion eine Durchsetzung ihrer Ordnungsvorstellungen für die Nachkriegszeit besser für möglich, wenn es ein Gesamtdeutschland gab. Demgegenüber hatte das sich durch Deutschland unmittelbar bedroht fühlende Frankreich ein Interesse an der Zerstückelung. Deshalb gibt es französische Verlautbarungen, die offensichtlich von einem Untergang des Deutschen Reiches am 8. Mai 1945 ausgehen.[5] Die französische Praxis zieht allerdings nicht alle Konsequenzen aus dieser Grundposition.

Dies führt zu der Frage, welche praktischen Wirkungen der Fortbestand des Deutschen Reiches in den internationalen Beziehungen hatte und hat. Zunächst stellt das fortbestehende Rechtssubjekt Deutsches Reich sozusagen einen Bezugspunkt für die Übernahme der obersten Gewalt in Deutschland, die formell durch die Erklärung vom 5.6.1945[6] erfolgte, dar. Der Fortbestand des Reiches erlaubt es aber auch, den Kriegszustand zwischen den Alliierten und dem Deutschen Reich als fortbestehend anzusehen, mit allen Folgen, die das für den Status deutscher Staatsangehöriger nach dem innerstaatlichen Recht der alliierten Staaten hat. Einfacher ausgedrückt: ohne fortbestehendes Reich kein Kriegszustand, ohne Kriegszustand kein feindlicher Staatsangehöriger. Gerade im Abbau dieser Behandlung deutscher Staatsangehöriger und deutschen Vermögens als feindliche Staatsangehörige und Feindvermögen liegt die rechtliche Bedeutung der Erklärungen über die Beendigung des Kriegszustands mit Deutschland zu Beginn der fünfziger Jahre.[7]

Eine weitere Konsequenz des Fortbestands des Deutschen Reiches ist der Fortbestand vertraglicher Verpflichtungen und auch der Fortbestand sonstiger Verbindlichkeiten des Reiches, insbesondere seiner Auslandsschulden.[8] Hier sei allerdings nicht der Eindruck erweckt, daß

4 Vgl. T. Eschenburg, Deutschland in der Politik der Alliierten, in: J. Foschepoth (Hrsg.), Kalter Krieg und Deutsche Frage, 1985, S. 35ff., 45.

5 Vgl. Mosler/Doehring, Die Beendigung des Kriegszustandes mit Deutschland nach dem Zweiten Weltkrieg, S. 39ff.

6 Text bei D. Rauschning (Hrsg.), Rechtsstellung Deutschlands, S. 15ff.

7 Zur genauen Analyse dieser Erklärungen vgl. das Werk von Mosler/Doehring (Anm. 3).

8 Vgl. dazu etwa H. Rumpf, Die deutsche Frage und die Reparationen, ZaöRV 33 (1973), S. 344ff., 352; vgl. auch H. Rumpf, Die Regelung der deutschen Reparationen nach dem Zweiten Weltkrieg, ArchVR 23 (1985), S. 74ff.

die Haftung eines etwa neu entstandenen deutschen Staates für Verbindlichkeiten des Reichs sich nicht auch konstruieren ließe. Die juristische Konstruktion eines Fortbestands des Reichs erleichtert jedoch rechtlich gesehen die Annahme einer fortbestehenden Haftung.

Durch die bereits erwähnte Übernahme der obersten Gewalt errichteten die vier Siegermächte in Deutschland ein Besatzungsregime eigener Art. Vorher war die völkerrechtliche Lage zu kennzeichnen als kriegerische Besetzung des gesamten deutschen Staatsgebiets. Die Art und Weise, wie die Erklärung vom 6. Juni 1945 die Situation im einzelnen rechtlich gestaltet, insbesondere ob es sich um eine treuhänderische Übernahme deutscher Staatsgewalt oder um eine Regelung der Ausübung alliierter Staatsgewalt in Deutschland handelt, ist eine schwierige Frage, die bis auf den heutigen Tag nicht ohne rechtliche Konsequenzen ist. Darauf wird zurückzukommen sein.[9] Klar ist jedenfalls, daß die vier Alliierten gemeinsam die oberste Gewalt in Gesamtdeutschland ausübten, und zwar durch einen gemeinsamen Kontrollrat.[10] Unterhalb dieses Daches der gemeinsamen alliierten Verwaltung übte jede Besatzungsmacht in ihrer Zone die oberste Gewalt aus. Dieses System beruhte auf Verträgen und Absprachen, die zwischen den Alliierten noch während der Dauer der Kampfhandlungen geschlossen worden waren,[11] sowie auf den Potsdamer Absprachen, die in dem häufig „Potsdamer Abkommen" genannten Kommuniqué vom 2.08.1945 niedergelegt sind.[12]

Der in der Folgezeit immer deutlicher werdende Antagonismus zwischen den Westmächten und der UdSSR führte zum Zerfall der gemeinsamen Elemente der Besatzungsgewalt. Die letzte Sitzung des Kontrollrates fand am 20.03.1948 statt. Seitdem wird jedenfalls faktisch keine gemeinsame Besatzungsgewalt in Gesamtdeutschland mehr aus-

9 Siehe unten 6.

10 Aus den neueren Darstellungen dieser Institution vgl. D. Schröder, Die gegenwärtigen Kontrolleinrichtungen der Vier Mächte in Deutschland, ArchVR 23 (1985), S. 42ff.

11 Vgl. insbesondere das Londoner Protokoll betr. die Besatzungszonen in Deutschland und die Verwaltung von Groß-Berlin vom 12.9.1944. Weitere Festlegungen wurden durch die Erklärung von Jalta getroffen.

12 Vgl. den Text bei Rauschning (Hrsg.), Rechtsstellung Deutschlands, S. 21ff.; von Münch (Hrsg.), Dokumente des geteilten Deutschlands, 2. Aufl., S. 32ff.; zur Diskussion über die rechtliche Bewertung vgl. J. A. Frowein, Potsdam Agreements on Germany (1945), in: Bernhardt (Hrsg.), Encyclopedia of Public International Law, Instalment 4, S. 141ff.; grundlegend Faust, Das Potsdamer Abkommen und seine völkerrechtliche Bedeutung, ^{4}1969.

geübt, die Besatzungsmächte üben diese Gewalt vielmehr in ihren jeweiligen Zonen getrennt aus. Dabei entwickelt sich eine besondere Kooperation zwischen den drei westlichen Besatzungsmächten. Dieser Verbrauch und Abbau der gemeinsamen Interessen der Siegermächte in Deutschland legt die Grundlagen für die getrennte Neuordnung der staatlichen Organisation in den westlichen und der östlichen Besatzungszone – und die damit verbundenen Rechtsfragen.

Ein völlig getrenntes Schicksal erfahren die Gebiete östlich der sowjetischen Besatzungszone, d.h. östlich der Oder-Neiße-Linie.[13] Bereits vor der Potsdamer Konferenz hatte die Sowjetunion diese Gebiete polnischer Verwaltung unterstellt bzw. das Gebiet um Königsberg unter eigene Verwaltung genommen. Das Kommuniqué der Potsdamer Konferenz behandelt dies in einer Weise, die zu unterschiedlichen Auffassungen der Rechtsfrage geführt hat. Während die östliche Seite in den Formulierungen des Potsdamer Kommuniqués eine Rechtfertigung ihrer späteren formellen Annexionsmaßnahmen sieht, betont die westliche Seite den vorläufigen, nicht endgültigen Charakter der Abmachungen, die einen endgültigen Übergang des Gebiets an die Sowjetunion bzw. Polen nicht rechtfertigen könnten. Die Rechtswirksamkeit der Annexion ist darum von westlicher Seite auch jedenfalls zunächst bestritten worden.

3 Das Entstehen zweier deutscher Verfassungsordnungen

Die gewünschte Einbindung von Teilen Deutschlands in den jeweiligen politischen Einflußbereich der Besatzungsmacht, zugleich aber sicherlich auch ein Wunsch nach Delegation von Verantwortung für die Erfüllung von Staatsaufgaben, verbunden allerdings mit dem Bestreben einer weiteren Kontrolle Deutschlands, das immer noch als Bedrohung empfunden wird, sind die Vorbedingungen dafür, daß die Alliierten das Entstehen einer neuen Verfassungsordnung für ihre jeweiligen Zonen anregen und ermöglichen. Dabei haben beide neuen Verfassungen bei allen Unterschieden eines gemeinsam. Sie verstehen sich als Teilordnungen in einem fortbestehenden Gesamtdeutschland. Die deutschen Ak-

13 Vgl. dazu E. von Puttkammer, Oder-Neiße-Linie, in: Strupp/Schlochauer (Hrsg.), Wörterbuch des Völkerrechts, Bd. 2, S. 650ff.; Verdross/Simma/Geiger (Hrsg.), Territoriale Souveränität und Gebietshoheit. Zur völkerrechtlichen Lage der Oder-Neiße-Gebiete, 1980.

teure, die nunmehr stärker auf der politischen Bühne wirken, haben, bei allen Unterschieden im einzelnen, Gesamtdeutschland als politisches Konzept noch lange nicht aufgegeben. Aber auch die Alliierten sehen offenbar in einem Offenhalten der gesamtdeutschen Option durchaus günstige Perspektiven für ihre Interessen, die Sowjetunion ganz zweifelsohne in einer möglichen Neutralisierung Gesamtdeutschlands, das als Puffer gegenüber den Westmächten in Mitteleuropa dienen könnte. Dieses Bekenntnis zu der gesamtdeutschen Option findet denn auch in beiden Verfassungen einen klaren Niederschlag. Für das Grundgesetz findet dies vor allem seinen Ausdruck im Bekenntnis der Präambel zur nationalen und staatlichen Einheit, zum Selbstbestimmungsrecht für das gesamtdeutsche Volk, in der Offenheit des Grundgesetzes für den Beitritt anderer Teile Deutschlands (Art. 23), auch in den Bestimmungen, die eine „deutsche“ Staatsangehörigkeit voraussetzen (Art. 16, 116). Auch die Verfassung der DDR ist eine Verfassung „des deutschen Volkes“ (Präambel). Es gibt nur eine deutsche Staatsangehörigkeit (Art. 1 Abs. 4).

Man kann also nicht nur aus dem Text der Verfassungen, sondern auch aus den Äußerungen relevanter politischer Akteure schließen, daß nach dem Selbstverständnis beider neu entstandener deutscher Staatsordnungen diese lediglich Teilordnungen unter einem fortbestehenden Dach des Deutschen Reiches sind.[14] Lediglich in der Frage, wer denn eigentlich der Spalter Deutschlands sei, gingen die politischen Aussagen auseinander.

Während die Bundesrepublik an diesem Selbstverständnis festhielt, bildete sich in der DDR bereits ab 1951 eine neue These heraus, nämlich die der Diskontinuität des deutschen Staates, wobei auch eine Teilrechtsnachfolge der DDR in die Rechtsposition des Deutschen Reiches abgelehnt wird. Hier wurde also das Offenhalten der deutschen Option abgelöst durch eine Politik der rechtlichen Verfestigung des Status quo, so wie er sich nach dem Zweiten Weltkrieg entwickelt hatte bzw. von den relevanten Akteuren gesehen wurde. Darauf wird zurückzukommen sein.[15]

Die Bildung der neuen Verfassungsordnungen ändert zunächst nichts an der Oberhoheit der Besatzungsmächte in ihren jeweiligen Zonen. In den Westzonen wird allerdings das Besatzungsregime neu geordnet durch das Besatzungsstatut vom 10.04.1949, dem ein formelles Abkom-

14 Für die DDR vgl. insbesondere Hacker (Anm. 3), S. 105ff.

15 Zur Entwicklung ab 1951 Hacker (Anm. 3), S. 116ff.

men der drei Westmächte über die Fusion der drei Westzonen vom 8. April 1949 vorangeht.[16] Am unveränderten Fortbestehen ihrer Besatzungsgewalt ändert sich durch das Inkrafttreten des Grundgesetzes aber nichts. Das Grundgesetz bedarf, um in Kraft zu treten, der Genehmigung durch die Militärgouverneure, die diese mit Vorbehalten aussprechen, von denen heute noch einer, nämlich der bezüglich Berlins, von erheblicher praktischer Bedeutung ist. Dies wird noch näher darzustellen sein.

Für die DDR gilt grundsätzlich nichts anderes, obwohl dort die gleichen Vorgänge von einem gewissen Euphemismus begleitet werden, d.h. der Fortbestand des Besatzungsregimes wird eher terminologisch verschleiert. Nach Inkrafttreten der DDR-Verfassung wird die bis dahin bestehende sowjetische Militärverwaltung durch die sowjetische Kontrollkommission ersetzt, der Deutschen Demokratischen Republik werden Verwaltungsfunktionen übertragen, die bis dahin der sowjetischen Militärverwaltung zustanden. Die Erklärung des Vorsitzenden der Kontrollkommission vom 11.11.1949 betont aber insbesondere die Befugnisse der Kontrollkommission zur Überwachung der Durchführung der Potsdamer Beschlüsse und anderer von den vier Mächten gemeinsam getroffenen Entscheidungen über Deutschland.[17]

Hinsichtlich der deutschen Ostgebiete entwickelt sich die Haltung der beiden deutschen Staaten auseinander. Während die DDR im Görlitzer Vertrag vom 6.07.1950 die Oder-Neiße-Linie als Westgrenze Polens anerkennt, legt der Deutsche Bundestag gegen die sogenannte Warschauer Deklaration über die Unantastbarkeit der Oder-Neiße-Grenze am 13.06.1950 eine Rechtsverwahrung ein.[18] Die Organe der Bundesrepublik Deutschland sind also der Auffassung, daß die erfolgten Annexionen der deutschen Ostgebiete nicht rechtlich wirksam sind, daß die Frage der territorialen Zugehörigkeit dieser Gebiete vielmehr bis zum Abschluß eines Friedensvertrages als offen zu gelten habe, daß diese Gebiete lediglich vorläufig unter sowjetische bzw. polnische Verwaltung gestellt seien, was an der territorialen Zugehörigkeit dieser Gebiete zum fortbestehenden Deutschen Reich aber nichts ändere.

16 Texte bei von Münch (Anm. 12), S. 69ff.

17 Erklärung des Vorsitzenden der Sowjetischen Kontrollkommission zur Übergabe von Verwaltungsfunktionen an deutsche Behörden, 11.11.1949, Text bei von Münch (Anm. 12), S. 325.

18 Texte bei von Münch (Anm. 12), S. 496ff.

4 Die beiden deutschen Staaten nach den Souveränitätsproklamationen

In den frühen fünfziger Jahren vollendet sich die West- bzw. Ostintegration der beiden deutschen Staaten. Diese steigen nicht nur zu einem gleichberechtigten, sondern sogar zu einem militärisch und wirtschaftlich wichtigen Partner der jeweiligen Allianz auf. Damit wäre es unvereinbar gewesen, das diskriminierende Besatzungsregime aufrechtzuerhalten. Infolgedessen wurde jeder der beiden deutschen Staaten von den jeweiligen Besatzungsmächten für souverän erklärt, das Besatzungsregime wurde beendet.

Auf der westlichen Seite erfolgt dies auf der Grundlage eines komplexen Vertragswerkes. Konstitutiv für die Wiedererlangung der Souveränität und die Beendigung des Besatzungsregimes ist jedoch auf westlicher wie auf östlicher Seite die einseitige Proklamation durch die Besatzungsmächte, für die sowjetische Seite die Erklärung vom 25.03.1954, für die westliche Seite die Proklamation der Drei Mächte vom 5.05.1955.[19] Auf beiden Seiten erfolgt die Gewährung der Souveränität mit Vorbehalten hinsichtlich Deutschlands als Ganzes, auf der westlichen Seite auch hinsichtlich Berlins. Für die DDR ergibt sich das aus dem Text der Erklärung:

> „Die Sowjetunion behält in der Deutschen Demokratischen Republik die Funktionen, die mit der Gewährleistung der Sicherheit im Zusammenhang stehen und sich aus den Verpflichtungen ergeben, die der Sowjetunion aus dem Viermächte-Abkommen erwachsen.“

Für die westliche Seite ergibt sich das aus dem Deutschland-Vertrag, der der Proklamation zugrunde liegt. Nach Art. 2 dieses Vertrages behalten die Drei Mächte „die bisher von ihnen ausgeübten oder innegehabten Rechte und Verantwortlichkeiten in bezug auf Berlin und auf Deutschland als Ganzes einschließlich der Wiedervereinigung Deutschlands und einer friedensvertraglichen Regelung“. Die Deutung dieser Vorbehalte ist umstritten. Die einen sehen in ihnen den Restbestand einer Belastung, die aus dem Besatzungsregime übriggeblieben ist, die anderen die vertragliche Einräumung gewisser politischer Mitwirkungsrech-

19 Text der sowjetischen Erklärung bei von Münch (Anm. 12), S. 329; Erklärung der Drei Mächte, ebenda S. 249.

te an die Westmächte.[20] Auf einen Teilaspekt dieser Frage wird zurückzukommen sein.

In dieser neuen rechtlichen Situation wird das rechtliche Selbstverständnis der Bundesrepublik Deutschland wie bisher durch die Annahme des Fortbestehens des Deutschen Reiches geprägt. Allerdings wird das Verhältnis der Bundesrepublik zum Deutschen Reich in zwei unterschiedlichen rechtlichen Konstruktionen erklärt,[21] die bis auf den heutigen Tag auf ganz merkwürdige Weise koexistieren, und dies nicht zuletzt deswegen, weil sich in der einen oder anderen juristischen Konstruktion das eine oder andere gewünschte politische Ergebnis besser unterbringen läßt. Ein juristisch wenig überzeugendes Beispiel des Synkretismus beider rechtlicher Konstruktionen ist das Urteil des Bundesverfassungsgerichts zum Grundlagenvertrag.[22] Es versteht sich am Rande, daß es für beide rechtliche Konstruktionen eine Reihe von Varianten gibt.

Die eine dieser Konstruktionen wird als Dach- oder Teilordnungstheorie bezeichnet. Unter dem Dach eines als fortbestehend gedachten Rechtssubjekts Deutsches Reich habe sich ein Rechtssubjekt Bundesrepublik Deutschland als darunterstehende Teilordnung entwickelt. Das Deutsche Reich sei selbst freilich mangels Organen nicht handlungsfähig, bleibe aber Völkerrechtssubjekt. Die andere Erklärung ist die Identität von Bundesrepublik und Deutschem Reich. Die Bundesrepublik stellt danach lediglich eine neue Organisation des fortbestehenden Völkerrechtssubjekts Deutsches Reich dar.

Rechtlich und politisch haben beide Konstruktionen ihre Schwierigkeiten. Der Fortbestand eines „Reichs" ohne Organe über mehr als dreißig Jahre bereitet als Konstruktion in einer von Effektivität beherrschten Rechtsordnung wie dem Völkerrecht gewisse Schwierigkeiten. Im Grunde braucht man die alliierten Vorbehalte, um diese Konstruktion überhaupt noch sinnfällig zu machen.[23]

20 Vgl. dazu G. Ress, Die Rechtslage Deutschlands nach dem Grundlagenvertrag vom 21. Dezember 1972, 1978, S. 26ff.; Rumpf, Land ohne Souveränität, [2]1973, S. 18ff.

21 Vgl. dazu ausführlich K. Schmid, Die deutsche Frage im Staats- und Völkerrecht, S. 28ff.; Bernhardt, Deutschland nach 30 Jahren Grundgesetz, VVDStRL 38, S. 15ff.; H. Rumpf, Deutschlands Rechtslage seit 1973, in: Rumpf, Vom Niemandsland zum deutschen Kernstaat, 1979, S. 167ff.

22 BVerfGE 36, 1 (15ff.) = NJW 1973, 1539 (1540); kritisch dazu Bernhardt, in: Isensee/Kirchhof (Anm. 1), S. 336ff.

23 Dazu C. Tomuschat, Die rechtliche Bedeutung der Vier-Mächte-Verantwortung, in: Zieger (Hrsg.), Fünf Jahre Grundvertragsurteil des Bundesverfassungsgerichts, 1979, S. 71ff.

Auch bereitet der volle Eintritt der Bundesrepublik Deutschland in die Rechte und Pflichten des Deutschen Reiches bei dieser Konstruktion gewisse Schwierigkeiten. Hier ist die Identitätsthese rechtlich überzeugender. Wenn und soweit man allerdings gerade eine solche Identität von Rechten und Pflichten nicht will, und darauf ist zurückzukommen, eignet sich die Dachtheorie hervorragend dazu, feine Unterscheidungen einzuführen.

Im Verhältnis zur DDR läßt sich mit beiden Theorien so ziemlich alles erklären, was politisch für wünschbar gehalten wird, aber nichts wirklich zwingend begründen. Es geht in jedem Falle darum, wie denn rechtlich der Trennungsprozeß zu bewerten ist, der von der Einteilung Deutschlands in Zonen über die Schaffung zweier neuer Verfassungsordnungen bis zu der getrennten Gewährung der Souveränität an die beiden deutschen Staaten erfolgt ist.[24] Die Haltung der Bundesrepublik und der Westmächte zu dieser Frage wird in den fünfziger und sechziger Jahren geprägt durch den Kalten Krieg und die Politik des „roll-back" oder jedenfalls „containment". Die Gewährung der Souveränität an die DDR durch die Sowjetunion wird als nichtig angesehen, mit Argumenten, für die man in neuerer Zeit in der Nichtanerkennung der Gewährung der Unabhängigkeit an die Homelands durch Südafrika so manche Parallele finden mag.[25] Dies bedeutet, daß das Gebiet der DDR weiter als unter Besatzungsregime stehend angesehen wird, man spricht in der Bundesrepublik nicht von DDR, sondern von der SBZ oder allenfalls von der „DDR". Zur Vertretung Deutschlands in den internationalen Beziehungen sei allein die Bundesrepublik befugt. Diese Rechtsbehauptung der Bundesrepublik und ihrer westlichen Verbündeten, in der Praxis durchgesetzt, erwies sich als ein sehr effektives Mittel, die DDR und damit einen wichtigen Verbündeten der Sowjetunion aus der internationalen Szene fernzuhalten. Die politischen Bedingungen, die es möglich machten, diesen Alleinvertretungsanspruch wirklich über gut fünfzehn Jahre durchzusetzen, können hier nicht analysiert werden.

24 Vgl. dazu M. Kriele, Der Streit um die Rechtslage Deutschlands und die völkerrechtliche Anerkennung der DDR, ZRP 1971, 261ff., 266; G. Ress, Grundlagen und Entwicklung der innerdeutschen Beziehungen, in: Isensee/Kirchhof (Anm. 1), S. 472ff.

25 Vgl. die Erklärung der Alliierten Hohen Kommission vom 8.04.1954, Text bei von Münch (Anm. 12), S. 330; zur Situation in den Homelands vgl. E. Klein, Die Nichtanerkennungspolitik der Vereinten Nationen gegenüber den in die Unabhängigkeit entlassenen südafrikanischen Homelands, ZaöRV 39 (1975), S. 469ff., 479ff.

Bot die These vom Fortbestand des Deutschen Reiches den Westmächten und der Bundesrepublik eine gute juristische Waffe in der Politik des containment und roll-back, suchten die Sowjetunion und die DDR, interessiert an einer Konsolidierung des sowjetischen Machtbereichs, dem eine gänzlich andere juristische These entgegenzusetzen. In dem Maße, in dem die gesamtdeutsche Option aus der Politik der Sowjetunion verschwindet und dem Ziel der Verfestigung des Status quo in Europa Platz macht, verschwindet die These vom Fortbestand des Reiches aus den öffentlichen Äußerungen der DDR-Politiker und wird durch eine Zwei-Staaten-Theorie ersetzt. Nunmehr wird angenommen, das Deutsche Reich sei aufgrund der bedingungslosen Kapitulation am 8. Mai 1945 untergegangen. Die DDR wird als ein neuer Staat angesehen, der sich zunächst auch nicht als Rechtsnachfolger des Deutschen Reiches betrachtet, was sich aber nach 1956 ändert.[26] Dies, die These von den zwei Nachfolgestaaten des untergegangenen Deutschen Reiches, bestimmt bis heute die deutschlandrechtliche Haltung der DDR.

5 Die Lage nach den Ostverträgen

Es ist nicht Aufgabe dieses Referats, die politischen Wandlungen nachzuzeichnen, die von der Politik des containment oder roll-back zur Entspannungspolitik der späten sechziger und frühen siebziger Jahre geführt haben. Eine Reihe der rechtlichen Thesen, die das Verhältnis der Bundesrepublik zur DDR aus der Sicht der ersteren geprägt hatten, standen jedenfalls der Entspannungspolitik im Wege. Denn ein praktisches Arrangement in Mitteleuropa war nicht möglich, solange überhaupt die staatliche Existenz der DDR geleugnet wurde. Mit den Zielvorstellungen der Entspannung gingen einher Bestrebungen nach menschlichen Erleichterungen, die gleichfalls nur mit der DDR möglich waren. Auch das Infragestellen der polnischen Westgrenze stand einer Entspannung in Europa entgegen. Hier war also ein Wandel der Rechtspositionen unter politischen Gesichtspunkten geboten, sollten die neuen Ziele der Entspannung und menschlichen Erleichterungen erreicht werden. Auf der anderen Seite blieben als Konstante das Ziel der Wiedervereinigung und das Aufrechterhalten einer Rückkehroption für die Vertriebenen als von den politischen Akteuren der Bundesrepublik in Rechnung zu stellende innenpolitische Faktoren. Hinzu kamen Sicherheitsinteressen

26 Hacker, S. 151ff.

in bezug auf Berlin, von denen noch zu reden sein wird. Auch das Beharrungsvermögen einmal bezogener Rechtspositionen, das ein Abweichen negativ erscheinen läßt, spielte eine Rolle. Dies alles machte es der westlichen Seite unmöglich, Entspannung und menschliche Erleichterungen einfach durch eine Anerkennung der östlichen Rechtspositionen zu erreichen. Die westliche Seite mußte der östlichen in einigen wesentlichen Punkten entgegenkommen, von bisherigen Rechtsauffassungen abrücken, konnte aber von gewissen Grundpositionen in der deutschen Frage, im wesentlichen aus diesen innenpolitischen Gründen, nicht abrücken. Das Ergebnis dieses schwierigen Ausgleichs, der ein rechtlich-politischer Balanceakt war, ist das Paket der Ostverträge.[27] Ihr Inhalt kann hier nicht in allen Einzelheiten nachgezeichnet werden.[28] In ihnen ist die Bundesrepublik der DDR, der Sowjetunion, Polen und der Tschechoslowakei in einigen wesentlichen Punkten entgegengekommen, hat ihre rechtliche Haltung modifiziert. Auf der anderen Seite haben die östlichen Partner jedenfalls teilweise hingenommen, daß ihr Rechtsstandpunkt nicht expressis verbis anerkannt wird.[29] Die generelle Tendenz des Vertragswerkes geht eher dahin, fortbestehende Dissense in Grundsatzfragen auszuklammern, teilweise in sehr subtiler Form durch bewußte Unklarheiten und ein kaum mehr durchschaubares System von einseitigen vertragsbegleitenden, zum Teil auch in die Verträge inkorporierten einseitigen Erklärungen.

27 Vertrag zwischen der Bundesrepublik Deutschland und der Union der Sozialistischen Sowjetrepubliken (Moskauer Vertrag) vom 12. August 1970, BGBl. 1972 II, S. 354 (in Kraft seit 3.6.1972); Vertrag zwischen der Bundesrepublik Deutschland und der Volksrepublik Polen über die Grundlagen der Normalisierung ihrer gegenseitigen Beziehungen (Warschauer Vertrag) vom 7. Dezember 1970, BGBl. 1972 II, S. 362 (in Kraft seit 3.6.1972); Vier-Mächte-Abkommen über Berlin vom 3. September 1971, Bull. Bundesregierung 1971, S. 1360, (in Kraft seit 3.6.1972); Vertrag über die Grundlagen der Beziehungen zwischen der Bundesrepublik Deutschland und der Deutschen Demokratischen Republik vom 21. Dezember 1972, BGBl. 1972 II, S. 423 (in Kraft seit 21.6.1973); Vertrag über die gegenseitigen Beziehungen zwischen der Bundesrepublik Deutschland und der Tschechoslowakischen Sozialistischen Republik (Prager Vertrag) vom 11. Dezember 1973, BGBl. 1974 II, S. 989 (in Kraft seit 19. Juli 1974).

28 Vgl. die eingehende Darstellung bei B. Zündorf, Die Ostverträge, 1979; H. Steinberger, Völkerrechtliche Aspekte des deutsch-sowjetischen Vertragswerkes vom 12. August 1970, ZaöRV 31 (1971), S. 63ff.

29 Vgl. dazu H. Rumpf, Land ohne Souveränität, S. 149ff.; zu den Folgen des „Dissenses" vgl. G. Ress (Anm. 24), S. 47ff.

5.1 Das Verhältnis der beiden deutschen Staaten zueinander

Die Technik des Ausklammerns wird am deutlichsten in der Präambel zum Grundlagenvertrag, der geschlossen wird „ausgehend von den historischen Gegebenheiten und unbeschadet der unterschiedlichen Auffassungen der Bundesrepublik Deutschland und der Deutschen Demokratischen Republik zu grundsätzlichen Fragen, darunter zur nationalen Frage". Die DDR konnte und wollte in dem Vertrag nicht nur eine volle Anerkennung ihrer staatlichen Existenz, sondern auch die Begründung von Beziehungen zwischen den beiden deutschen Staaten sehen, die sich rechtlich nicht von Beziehungen zwischen anderen Staaten unterscheiden. Das letztere glaubte die Bundesrepublik wegen des Wiedervereinigungsgebots und des Zwangs, das Deutsche Reich als fortbestehend ansehen zu müssen, nicht anerkennen zu können. Dieser fundamentale Gegensatz ist im Text des Vertrages nicht geklärt worden, und zwar bewußt.

Vor diesem Hintergrund ist das Urteil des Bundesverfassungsgerichts zum Grundlagenvertrag vom 31. Juli 1973 zu sehen.[30] Das Bundesverfassungericht macht in diesem Urteil das Selbstverständnis der Bundesrepublik in der deutschen Frage, das es als verfassungsrechtlich geboten ansieht, zum Maßstab der Auslegung des Vertrages. Dabei wird dem oben dargelegten völkerrechtlichen Sinn (einschließlich dem von den Parteien intendierten Mangel an Sinn) in jedenfalls völkerrechtlich höchst bedenklicher Weise Gewalt angetan. So ist es rechtlich kaum mehr vertretbar, wenn die deutsch-deutsche Grenze als rechtlich der Grenze zwischen Bundesländern vergleichbar betrachtet,[31] der Sinn des Vertrages dahin ausgelegt, als bringe er die beiden deutschen Staaten in eine besondere Nähe,[32] und schließlich die Tatsache, daß die gegenseitigen Vertretungen nicht als Botschaften bezeichnet werden, als Anerkennung des besonderen deutsch-deutschen Verhältnisses durch die DDR gewertet wird. Dazu vollführt das Gericht eine merkwürdige Gratwanderung zwischen der Identitäts- und der Dachtheorie bei der

30 BVerfGE 36, 1 = NJW 1973, 1539.

31 Vgl. dazu E. Klein, Die rechtliche Qualifizierung der innerdeutschen Grenze, in: Zieger (Hrsg.), Fünf Jahre Grundvertragsurteil des Bundesverfassungsgerichts, 1979, S. 95ff. Auf die zwischen der Bundesrepublik und der DDR insbesondere streitigen Fragen der Elbgrenze kann hier nicht eingegangen werden.

32 H. H. Mahnke, Die besonderen Beziehungen zwischen den beiden deutschen Staaten, in: Zieger (Hrsg.), S. 145ff.

Kennzeichnung der Rechtsposition der beiden deutschen Staaten.[33] Auch die Art und Weise, wie aus dem Wiedervereinigungsgebot konkrete Grenzen außenpolitischen Verhaltens der Bundesrepublik gezogen werden, ist rechtlich schwer nachzuvollziehen.

Die Erklärung für die juristisch äußerst angreifbaren Thesen des Gerichts ist allerdings keinesfalls mangelnde juristische Kunstfertigkeit der Richter, sondern das durchaus diskutable Verständnis seiner Rolle, das das Gericht in diesem Falle offenbar gehabt hat. Dem Gericht ging es mit Sicherheit um die politische Befriedungsfunktion, die ihm oft in schwerwiegenden politischen Konflikten zukam. Diese Funktion glaubte das Gericht offenbar dadurch am besten zu erfüllen, daß es formell der Bundesregierung dadurch Recht gab, indem es den Vertrag für verfassungsmäßig erklärte, ihm allerdings einen Inhalt unterlegte, der praktisch auf einen Sieg der Opposition hinauslief. Ein Ergebnis ist allerdings auch die Stärkung der Verhandlungsposition der Bundesrepublik in Grundsatzfragen, da wegen der Bindungswirkungen der Entscheidungen des Bundesverfassungsgerichts, und das ist der DDR bekannt, eben manche Konzessionen nicht mehr möglich sind.

Wie stellt sich nun die deutsche Rechtslage, auch unter kritischer Berücksichtigung der Thesen des Bundesverfassungsgerichts, heute nach den Ostverträgen dar? Festzuhalten ist zunächst, daß die Staatsqualität der DDR, ihre Eigenschaft als mit der Bundesrepublik gleichberechtigtes Völkerrechtssubjekt außer Streit gestellt ist. Dies wird auch vom Bundesverfassungsgericht nicht bezweifelt, es ist nach dem Text des Vertrages auch unbezweifelbar. Aus der Sicht der Bundesrepublik besteht aber das Deutsche Reich weiter fort. Die Verträge können nicht dahin interpretiert werden, als habe die Bundesrepublik das Gegenteil anerkannt.

Nicht zu bezweifeln ist auch, daß die DDR sich vom Deutschen Reich getrennt hat. Die Frage ist nur, ob dieser Dismembrationsprozeß des Deutschen Reiches vollständig und abgeschlossen ist oder ob weiterhin staatsrechtliche Bande zwischen der Bundesrepublik/dem Deut-

33 NJW 1973, 1540. An kunstvollen Distinktionen ist da so ziemlich alles erlaubt. So wird, nach einem der Apologeten des Bundesverfassungsgerichts, gerechtfertigt „trotz rechtlicher Identität eine Unterscheidung zwischen der Bundesrepublik Deutschland und dem Gesamtstaat Deutschland"; W. Geiger, Zur Rechtslage Deutschlands, NJW 1983, 2303. „Identität" und Nichtidentität zwischen „Dach-" und „Teilordnung" ist eben doch ein Widerspruch! Für eine Auslegung des Bundesverfassungsgerichts im Sinne der Dachtheorie Bernhardt, JuS 1986, S. 842; Rumpf (Anm. 21), S. 194.

schen Reich und der DDR bestehen. Die Aussagen des Bundesverfassungsgerichts sind dahin zu deuten, daß letzteres noch der Fall ist. Als Beleg dazu dient der Status der „Ständigen Vertretungen der beiden Staaten", der sich von dem der normalen diplomatischen Vertretung unterscheide. Ob der unterschiedliche Name und eine etwas unterschiedliche Form der Akkreditierung derartiges zwingend beweist, kann man bei „objektiver" Betrachtung füglich bezweifeln.

Wesentliches Element des rechtlichen Fortbestands von Gesamtdeutschland sind sicher die Reste der Viermächte-Verantwortung.[34] Fraglich ist allerdings, wie weit noch eine einheitliche Auffassung der Vier Mächte über Inhalt und Tragweite dieser Verantwortung besteht. In den Begleitdokumenten zum Moskauer Vertrag sind die Formulierungen der Sowjetunion sehr distanziert. Es heißt in der sowjetischen Erklärung[35] nicht etwa, daß der Vertrag die Rechte der Vier Mächte nicht berühre, sondern die Rede ist von der „Frage der Rechte der Vier Mächte". Deutlicher ist insofern die gemeinsame Erklärung der Vier Mächte vom 9.11.1972 zum UN-Beitritt der beiden deutschen Staaten.[36] Dort wird festgestellt,

> „daß diese Mitgliedschaft die Rechte und Verantwortlichkeiten der Vier Mächte und die bestehenden diesbezüglichen vierseitigen Regelungen, Beschlüsse und Praktiken in keiner Weise berührt."

Die Formulierung ist aus dem Berlin-Abkommen übernommen. Sie ist geeignet, genau wie das Berlin-Abkommen, den Grunddissens über die Tragweite der Vier Mächte-Rechte zu überdecken, da der Gegenstand dieser Rechte nicht definiert wird. Nach Auffassung der Westmächte beziehen sie sich auf „Deutschland als Ganzes und Berlin".[37] Eine Deutung dahin, daß sie sich nur noch auf Westberlin beziehen,[38] ist aber nach dem Text auch nicht ausgeschlossen. Insgesamt gibt es

34 Tomuschat (Anm. 23).

35 Rauschning (Anm. 6), S. 124.

36 Text bei U. Beyerlin/W. Strasser, Völkerrechtliche Praxis der Bundesrepublik Deutschland im Jahre 1973, ZaöRV 35 (1975), S. 803; Rauschning (Anm. 6), S. 35.

37 Vgl. BT Drs. 7/153, S. 24.

38 Dazu siehe unten. Zum sogenannten Friedensvertragsvorbehalt und der Haltung der Sowjetunion vgl. J. Hacker, Die rechtliche und politische Funktion eines Friedensvertrages mit Deutschland, Aus Politik und Zeitgeschichte B 50 (1987), S. 15f.

allerdings gewisse Indizien, daß auch die Sowjetunion wieder eher geneigt ist, den Fortbestand einer gewissen Vier-Mächte-Verantwortung für Deutschland als Ganzes anzuerkennen – sichert ihr dies doch auch rechtlich ein Mitspracherecht in der „deutschen Frage“.

Nach der Auffassung des Bundesverfassungsgerichts folgt aus dem Fortbestand des Deutschen Reiches auch, daß es weiterhin eine einheitliche deutsche Staatsangehörigkeit gibt.[39] Fraglich ist, was das eigentlich praktisch heißt. Die Tatsache, daß diese Frage im Grundlagenvertrag ausdrücklich ausgeklammert wurde und bis auf den heutigen Tag einen statusrechtlichen Hauptstreitpunkt zwischen der Bundesrepublik und der DDR darstellt, legt es nahe, die rechtliche Tragweite dieses Problems genauer zu beleuchten. Das Reichs- und Staatsangehörigkeitsgesetz, maßgeblich für das Staatsangehörigkeitsrecht in der Bundesrepublik, geht ebenso wie das Staatsbürgerschaftsgesetz der DDR vom Abstammungsprinzip aus, wobei beide Gesetze letztlich die Staatsangehörigkeit von der vor der jeweiligen Staatsgründung bestehenden ableiten.[40] Allein die DDR nimmt eine Ausgrenzung vor. Nur diejenigen werden Staatsbürger/Staatsangehörige der DDR, die als deutsche Staatsangehörige am 7. Oktober 1949 in der DDR ihren Wohnsitz hatten oder von einer solchen Person abstammen. Da die Bundesrepublik eine solche Ausgrenzung nicht vorgenommen hat, ist es unvermeidlich, daß bestimmte Personen die Staatsangehörigkeit nach beiden Rechtsordnungen besitzen. Eine solche Konstellation wird gemeinhin als Doppelstaatigkeit bezeichnet und ist in den internationalen Beziehungen nichts Außergewöhnliches.

Autoren, die bezweifeln, daß es sich bei der dargestellten staatsangehörigkeitsrechtlichen Situation um eine Variante der Doppelstaatigkeit handelt,[41] kommen nicht umhin anzuerkennen, daß die völkerrechtli-

39 Zum Folgenden vgl. insbesondere die eingehende Darstellung mit Nachweisen bei G. Zieger, Das Problem der deutschen Staatsangehörigkeit, in Zieger, Fünf Jahre Grundvertragsurteil des Bundesverfassungsgerichts, S. 189ff.; G. Zieger, Die gesamtdeutsche Staatsangehörigkeit als rechtliches Band des deutschen Staatsvolkes unter besonderer Berücksichtigung der Ostdeutschen, in: Uibopuu/Uschakow/Zieger (Hrsg.), Auslegung der Ostverträge und gesamtdeutsche Staatsangehörigkeit, 1980, S. 85ff.

40 R. Grawert, Staatsangehörigkeit und Staatsbürgerschaft, Der Staat 1984, S. 179ff. (193).

41 K. Stern, Die deutsche Staatsangehörigkeit, DVBl. 1982, S. 165ff.; H. von Mangoldt, Zur Einheit der deutschen Staatsangehörigkeit im Spiegel jüngerer Konsularverträge, ArchVR 22 (1984), S. 138ff.; D. Blumenwitz, Zwei deutsche Staatsangehörigkeiten?, Politische Studien 1981, S. 393ff.

chen Regeln über die Doppelstaatigkeit auf diese Situation (analog oder wie auch immer) angewendet werden, sobald das Problem praktisch wird.

Die wichtigste praktische Frage ist das Schutzrecht, das der Heimatstaat für seine Staatsangehörigen in Drittstaaten ausübt. Niemand bezweifelt, daß die DDR in dritten Staaten für die Personen, die sie als ihre Staatsangehörigen ansieht, dieses Schutzrecht ausüben kann.[42] Die Bundesrepublik ist aber nach dem Urteil des Bundesverfassungsgerichts verpflichtet, für jeden Deutschen im Sinne des RuStAG, der dies wünscht, das Schutzrecht auszuüben. Ob dritte Staaten diese Ausübung des Schutzrechts akzeptieren müssen oder nicht, ist eine schwierige Frage, bei Doppelstaaten im allgemeinen und bei „deutschen“ Staatsangehörigen im besonderen.[43] In bezug auf die Westalliierten ließe sich argumentieren, daß sich eine solche Verpflichtung aus dem Deutschlandvertrag ergäbe. Die USA akzeptieren aber schon lange nicht in allen Fällen, daß die Bundesrepublik den Schutz für DDR-Bürger ausübt.[44]

In der Frage des Schutzrechtes scheint also eine staatsangehörigkeitsrechtliche Koexistenz beider deutscher Staaten möglich, ohne daß die Bundesregierung sich von den verfassungsrechtlichen Pflichten, wie sie sich aus der Rechtsprechung des Bundesverfassungsgerichts ergeben, distanzieren müßte.

Eine andere Ebene des Staatsangehörigkeitsrechts ist die Frage, welche Rechte und Pflichten sich für den Staatsangehörigen aus dem Recht des Heimatstaates ergeben. Hier sind bei Doppelstaaten Kollisionen, d.h. einander widersprechende Inanspruchnahme durch beide Heimatstaaten, nie auszuschließen. Hier fällt aber auf, daß die Bundesrepublik solche Inanspruchnahme von DDR-Bürgern, etwa für die Wehrpflicht, weitgehend vermeidet.[45] Auch in der Frage der Inanspruchnahme der Staatsangehörigen ist daher das praktische Konfliktpotential, das Rechtsauffassung und Praxis der Bundesrepublik mit sich bringt, eher gering. Dem DDR-Bürger wird in der Bundesrepublik Inländerbehandlung gewährt. Dies ist ein Vorteil, keine Beeinträchtigung von Rechtspositionen der DDR, wenn man vom Symbolwert der Staatsangehörigkeitsfrage absieht.

42 R. Bernhardt, Deutschland nach 30 Jahren Grundgesetz, VVDStRL 38, S. 31; G. Ress (Anm. 24), S. 508ff.
43 Bernhardt (Anm. 42), S. 33.
44 von Mangoldt (Anm. 41), S. 169f.; Ress (Anm. 24), S. 509.
45 Bernhardt (Anm. 42), S. 32.

Ein ganz anderes und sehr schwieriges Problem ist die Frage der Behandlung der in der DDR ausgesprochenen Einbürgerungen. Denn wenn die Staatsgewalt der DDR noch „deutsche" Staatsgewalt im Sinne des Reichs- und Staatsangehörigkeitsgesetzes wäre, dann müßten die durch die Behörden der DDR ausgesprochenen Einbürgerungen als Erwerbsgrund für die „deutsche" Staatsangehörigkeit angesehen werden. Die Rechtsprechung des Bundesverwaltungsgerichts war jedenfalls im Ergebnis gegenüber einer solchen automatischen Anerkennung von DDR-Einbürgerungen eher zurückhaltend, wobei freilich über die Begründungen (Ablehnung nur aufgrund von ordre public-Erwägungen) unterschiedliche Auffassungen möglich sind.[46]

Neuerdings vertritt das Bundesverfassungericht allerdings die deutschlandpolitisch stärker aktivistische These, im Interesse einer Einheit der deutschen Staatsbürgerschaft sei der Erwerb nach Maßgabe des DDR-Rechts grundsätzlich anzuerkennen.[47]

Eine andere wesentliche Konsequenz, die das Bundesverfassungsgericht aus der These vom Fortbestand des Deutschen Reiches zieht, geht dahin, daß die DDR im Verhältnis zur Bundesrepublik Deutschland „kein Ausland" sein könne. Auch hier lohnt es nachzufragen, was denn das eigentlich praktisch bedeutet. Das Bundesverfassungsgericht bietet hierzu das Beispiel, daß der Handel mit der DDR kein Außenhandel sein dürfe. Dagegen hat die DDR aus einsichtigen Gründen auch nie etwas gehabt, verschafft ihr dies doch einen Status, den man als de facto-EG-Assoziation bezeichnen könnte. Im übrigen pflegt die Rechtsordnung der Bundesrepublik immer dann, wenn die Anwendung einer Norm auf Sachverhalte in der DDR nicht gewollt ist oder in besonderer Weise zu regeln ist, auf Begriffe wie „außerhalb des Geltungsbereichs des Grundgesetzes" oder ähnliches zu rekurrieren. Daß die Rechtsordnung diesen Unterschied zwischen dem Geltungsbereich der Staatsgewalt der Bundesrepublik Deutschland und einer anderen Staatsgewalt machen muß, ist schlicht praktisch notwendig. Völkerrechtswidrig wäre es nur, wenn die Bundesrepublik den Anspruch erheben würde, auf dem Gebiet der DDR Hoheitsgewalt auszuüben. Diesen Anspruch erhebt sie nicht, sie hat auf ihn ausdrücklich im Grundlagenvertrag verzichtet.

46 BVerwG 72, 291; JZ 1986, 1002. Vgl. zuvor schon BVerwGE 66, 277 und dazu S. Mampel, Das Staatsangehörigkeitsrecht der DDR und die deutsche Staatsangehörigkeit, ROW 27 (1983), S. 233ff.; zu den Begründungen des Bundesverwaltungsgerichts kritisch Stern (Anm. 41), S. 172.

47 BVerfG, 21.10.1987, EuGRZ 1987, S. 483ff.

Auf der anderen Seite ist die Bundesrepublik weit davon entfernt, die Staatsgewalt der DDR als eigene zu betrachten. Dies zeigt sich nicht nur bei der bereits erwähnten Frage der „Anerkennung" von DDR-Einbürgerungen. Die Anerkennung, Vollstreckung und Ausführung von Urteilen und Verwaltungsakten der DDR erfolgt keinesfalls automatisch, wie es etwa im Verhältnis zwischen Gliedstaaten eines Bundesstaates üblich ist. In der DDR erworbene Befähigungszeugnisse und Qualifikationen berechtigen nur teilweise, z.T. auch nach Maßgabe besonderer Regelungen, zur Ausübung entsprechender Tätigkeiten in der Bundesrepublik.[48] Im Strafrecht, im Sozialrecht und im Steuerrecht wird die DDR praktisch nicht mehr als Inland behandelt. Insgesamt ist also die praktische Bedeutung der Floskel, die DDR sei kein Ausland, nicht hoch einzuschätzen.

Will es also scheinen, daß die praktischen Konsequenzen, die sich aus dem Fortbestand des Deutschen Reiches und dem vielleicht nicht ganz abgeschlossenen Charakter der Trennung der DDR vom Deutschen Reich ergeben, eher gering einzuschätzen sind, so haben sie offenbar immer noch einen nicht unerheblichen politischen Symbolwert, und dies auf beiden Seiten. Wenn es weitere Verständigungen gibt, dann wohl nur in der bewährten Form des Offenlassens der Grundsatzfrage. Jedenfalls kann man den Grundlagenvertrag nicht dahin verstehen, daß die DDR die Grundsatzpositionen der Bundesrepublik akzeptiert hat. Sie ist bei ihrer These geblieben, daß sie ein neuer Staat mit eigener Staatsangehörigkeit sei. Gegenüber der Verbindung, die in der Behauptung fortbestehender staatsrechtlicher Bande zwischen BRD und DDR angelegt ist, betont sie immer noch die Abgrenzung. Allerdings kann sie der Bundesrepublik auch nicht entgegenhalten, daß das Festhalten an bestimmten Grundsatzpositionen eine Verletzung des Vertrages sei. Auch dies wird durch die Unklarheiten des Vertrages ausgeschlossen. Andererseits ist die Abgrenzungspolitik der DDR nicht vertragswidrig. Die DDR verfolgt eine Politik der weiteren Abgrenzung und Konsolidierung ihrer Rechtsposition durch Forderungen nach einer „Anerkennung" oder „Respektierung" ihrer Staatsbürgerschaft und der Umwandlung der Ständigen Vertretungen in Botschaften.

48 H. Rumpf, Inland und Ausland als Rechtsbegriff in ihrer Bedeutung für Deutschland, Der Staat 9 (1970), S. 289ff. (insbesondere S. 296ff.). U. Drobnig, Die Anerkennung von Verwaltungsakten der DDR, ROW 25 (1981), S. 181ff.; Ress (Anm. 24), S. 513f.; R. Dolzer, Die rechtliche Ordnung des Verhältnisses der Bundesrepublik Deutschland zur Deutschen Demokratischen Republik, in Isensee/Kirchhof (Anm. 1), S. 582ff.

An dieser Stelle sind einige Ausführungen zu Rechtsfragen der Wiedervereinigung angezeigt. Das Grundgesetz enthält auch, das ist nicht zu bezweifeln, das Streben nach Wiedervereinigung als eine Staatszielbestimmung, d.h. als eine verfassungsrechtliche Zielvorgabe der Politik der Organe der Bundesrepublik. Der Grad der rechtlichen Bindung, der für einzelne Maßnahmen staatlicher Organe daraus folgt, ist freilich schwierig zu bestimmen. Die Aussagen des Bundesverfassungsgerichts zu dieser Frage sind im einzelnen sicherlich anfechtbar. Auf der anderen Seite kann ein Streben nach Wiedervereinigung durch die Bundesrepublik nicht als Verletzung des Grundlagenvertrages, übrigens auch nicht als eine Verletzung der übrigen Ostverträge angesehen werden. Dies hat die Bundesrepublik durch ihre Briefe zur deutschen Einheit, die den Vertragspartnern notifiziert wurden, klargestellt. Hätten die Vertragspartner dieses nicht akzeptiert, hätten sie in dieser Situation widersprechen müssen.

Das verfassungsrechtliche Wiedervereinigungsgebot kann selbstverständlich anderen Staaten nicht entgegengehalten werden. Ganz gewiß haben die Vertragspartner der Ostverträge es nicht in irgendeiner Form anerkannt. Ein völkerrechtlicher Rechtstitel auf Wiedervereinigung aus dem Selbstbestimmungsrecht wird diskutiert. Es ist aber fraglich, ob und inwieweit das Selbstbestimmungsrecht Bestandteil des geltenden Völkerrechts ist.[49] Außerhalb des Kontexts der Dekolonisierung dürfte seine gewohnheitsrechtliche Verankerung kaum gesichert sein.[50] Jedenfalls kann der Inhalt des Selbstbestimmungsrechts außerhalb dieses Kontexts nicht dahin verstanden werden, daß es einen Rechtstitel auf territoriale Veränderung verschafft.[51]

Darüber hinaus könnte aus dem Selbstbestimmungsrecht ein Anspruch auf Wiedervereinigung allenfalls dann abgeleitet werden, wenn es noch eine deutsche Nation als Träger dieses Rechts gibt. Eben dies wird von der Bundesrepublik behauptet, die DDR setzt dem gerade in den letzten Jahren eine Zwei-Nationen-These, eine Fortentwicklung der Zwei-Staaten-Theorie entgegen. Noch die zweite Verfassung der DDR

49 Vgl. dazu D. Thürer, Das Selbstbestimmungsrecht der Völker, insbesondere S. 190ff.; zur Frage des deutschen Selbstbestimmungsrechts vgl. insbesondere J. Hacker, Was gibt das Selbstbestimmungsrecht für die Zukunft Deutschlands her?, in: von Münch/Oppermann/Stödter, S. 138ff.

50 Thürer (Anm. 49), S. 192.

51 Vgl. K. J. Partsch, in: Bothe/Partsch/Solf, New Rules for Victims of Armed Conflicts, 1982, S. 48f.

von 1968 hatte an der einheitlichen deutschen Nation festgehalten, aber eine Vereinigung Deutschlands auf der Basis des Sozialismus angestrebt, auf der Basis einer Nation der Deutschen Demokratischen Republik.[52] Heute aber gibt es über eine Nation als Träger des Selbstbestimmungsrechts in Deutschland zwischen Ost und West keinen Konsens.

5.2 Gebiete östlich der Oder-Neiße-Linie

Die zweite wesentliche Frage des Ostvertragpakets war die Stellung der (ehemaligen?) deutschen Ostgebiete. Auch hier ist die Bundesrepublik den östlichen Nachbarn entgegengekommen, auch hier hat sich aber letztlich ein Festhalten an alten Grundsatzpositionen gezeigt. Auf den ersten Blick scheint der Warschauer Vertrag in der Frage der Westgrenze Polens eindeutig. Beide Vertragspartner „stellen übereinstimmend fest, daß die bestehende Grenzlinie (die Oder-Neiße-Linie) die westliche Staatsgrenze der Volksrepublik Polen bildet", sie bekräftigen die Unverletzlichkeit dieser bestehenden Grenzen und erklären, daß sie gegeneinander keinerlei Gebietsansprüche haben, ja solche auch in Zukunft nicht erheben werden. Dieses scheint eine endgültige Anerkennung der Oder-Neiße-Linie und des faktisch bereits 1945 erfolgten Gebietsverlustes für das Deutsche Reich zu sein. In der Note der Bundesregierung an die drei Westmächte, in der der Inhalt des Vertrages mitgeteilt wird, findet sich jedoch einmal ein Vorbehalt der Rechte und Verantwortlichkeiten der Vier Mächte, die durch den Vertrag nicht berührt werden und dann eine Formel, die man wohl am besten als eine Art Reichsvorbehalt bezeichnen kann:[53] „Die Bundesrepublik hat ferner darauf hingewiesen, daß sie nur im Namen der Bundesrepublik Deutschland handeln kann". Dies ist nach der (den Vertragspartnern bei Ratifikation bekannten) Auffassung der Bundesregierung, wie sie etwa in der Antwort auf die große Anfrage der Fraktion der CDU/CSU vom 11.11.1971 zum Ausdruck kommt, offenbar dahin zu verstehen, daß es neben der Bundesrepublik Deutschland noch andere Völkerrechtssubjekte gibt, die durch den Vertrag nicht

52 Vgl. dazu Schweizer, Die DDR und die Nationale Frage. Zum Wandel der Positionen von der Staatsgründung bis zur Gegenwart, Aus Politik und Zeitgeschichte B 51/52 (1985), S. 37ff.

53 Vgl. dazu Verdross/Simma/Geiger (Anm. 13), S. 77ff. m.w.N. Siehe auch das Urteil des Bundesverfassungsgerichts zu den Ostverträgen, BVerfGE 40, 141 (171ff.).

verpflichtet werden können und sollen.[54] Damit können die Alliierten (die aber schon im vorangehenden Satz erwähnt sind) und/oder das Deutsche Reich gemeint sein. Jedenfalls soll dieser Vorbehalt zum Ausdruck bringen, daß die ganze deutsche Frage bis zu einer friedensvertraglichen Regelung offengehalten ist. Auf dem Boden der Identitätsthese ist diese Trennung von Deutschem Reich und Bundesrepublik nicht zu begründen. Als rechtliche Konstruktion ist sie auf dem Boden der Dachtheorie durchaus haltbar. Was dabei allerdings ungereimt ist, ist die Selektion der Fälle, in denen die Bundesrepublik nun doch für Gesamtdeutschland, für das Deutsche Reich handeln kann, und derjenigen, wo das nicht der Fall ist. Auch der Vorbehalt der Viermächte-Verantwortlichkeit ist problematisch. Denn letzten Endes haben die drei Westmächte dem Vertrag zugestimmt.[55]

Jedenfalls ist Polen der Deutung, die Anerkennung der polnischen Westgrenze sei mit irgendwelchen Vorbehalten behaftet und könne rechtlich noch einmal in Frage gestellt werden, mehrfach entgegengetreten.[56] Die wesentlichen polnischen Argumente sind der Untergang des Deutschen Reiches und die Bindung an das Potsdamer Abkommen.

54 Vgl. auch die Entschließung des Deutschen Bundestages vom 17.5.1972, Stenographische Berichte, 6. Wahlperiode, 187. Sitzung, Anlage 6, Bd. 80, S. 10960.

55 Wenn sich allerdings die Bundesregierung auf die Zustimmung der drei Westmächte zu dem genannten „Reichsvorbehalt" zur weiteren Stützung ihrer These eines Offenhaltens einer friedensvertraglichen Grenzrevision stützt, so findet dies in der Antwortnote der drei Westmächte keine Stütze. Diese ist sehr subtil in ihrer Zustimmung zur Note der Bundesregierung abgestimmt. Die einschlägige Formulierung der britischen Note lautet:
„Die Regierung ihrer Majestät nimmt von der Paraphierung des Vertrages zustimmend Kenntnis. Sie teilt die Auffassung, daß der Vertrag die Rechte und Verantwortlichkeit der Vier Mächte, wie sie in den bekannten Verträgen und Vereinbarungen ihren Niederschlag gefunden haben, nicht berührt und nicht berühren kann."
Auf den oben zitierten Satz, daß die Bundesrepublik nur in ihrem Namen handeln könne, wird dabei nicht Bezug genommen. Dies könnte man durchaus als eine Distanzierung von diesem Reichsvorbehalt der Bundesrepublik sehen. Vgl. zum Ganzen AK-GG Zuleeg, B 75 m.w.N. vgl. ferner H. Steinberger, Einflüsse der Ostverträge auf Deutschland als Ganzes, in: von Münch/Oppermann/Stödter, S. 24ff.; zur Kompetenz der Bundesrepublik, die hier angesprochenen Regelungen zu vereinbaren, vgl. auch H. Steinberger, Völkerrechtliche Aspekte des deutsch-sowjetischen Vertragswerkes vom 12. August 1970, S. 63ff. (einerseits S. 67f., andererseits S. 135f.).

56 K. Skubiszewski, Poland´s Western Frontier and the 1970 Treaties, AJIL 67 (1973), S. 23ff. (43); A. Uschakow, die polnische Auslegung des Warschauer

6 Berlin

Die bisherigen Ausführungen haben das Problem Berlin ganz ausgeklammert. Denn in bezug auf den Rechtsstatus von Berlin gelten in vieler Hinsicht Besonderheiten, die nun noch darzustellen sind.

Groß-Berlin wurde aufgrund der alliierten Absprachen nicht einer der Besatzungszonen zugeordnet, sondern von den Alliierten gemeinsam verwaltet. Hierzu wurde im Jahre 1945 die Alliierte Kommandantur gebildet. Nach Einstellung der sowjetischen Mitarbeit in der Kommandantur im Jahre 1948 setzten die drei westlichen Kommandanten die Arbeit dieser Institution fort, freilich mit einer weitgehenden faktischen Beschränkung ihrer Besatzungsgewalt auf die drei Westsektoren.[57] Dies bedeutete aber keineswegs ein Aufgeben des Viermächte-Status für Gesamt-Berlin.

In der Folgezeit wurde Berlin auf westlicher Seite als Vorposten der Demokratien, auf östlicher als Druckmittel zum Erreichen der Anerkennung des Status quo betrachtet. Dies prägte die jeweiligen Rechtsbehauptungen für die nächsten zwanzig Jahre. Allerdings erscheint die Einigkeit zwischen den deutschen Staaten und ihren jeweiligen Verbündeten nicht immer völlig ungetrübt, was den Status von Berlin angeht. Beide Besatzungsmächte beharrten gegenüber dem jeweils mit ihnen verbündeten deutschen Staat auf gewissen Elementen des Besatzungs-

Vertrages, in: Uibopuu/Uschakow/Klein/Zieger, Auslegung der Ostverträge und gesamtdeutsche Staatsangehörigkeit, S. 49ff. (61ff.); Janicki, Zum ostpolitischen Vollzugsdefizit. Rechtspolitische Aspekte der Realisierung des Vertrages vom 17. Dezember 1970 zwischen der Bundesrepublik Deutschland und der Volksrepublik Polen, 1979; Janicki, Die in den UNO-Resolutionen enthaltenen Prinzipien und einige Rechtsprobleme in dem gegenwärtigen Stand der Beziehungen zwischen der Bundesrepublik Deutschland und der Volksrepublik Polen, in: Bernhardt/Delbrück/v. Münch/Rudolf (Hrsg.), Fünftes deutsch-polnisches Juristenkolloquium, 1981, S. 101ff.; R. Jasica, The Legislation of the Federal Republic of Germany and the Problems of the Normalization of the Mutual Relations between the Polish People´s Republic and the Federal Republic of Germany, Polish Yearbook of International Law 1975, S. 77ff., 84.

57 Vgl. die Erklärung des französischen Stadtkommandanten zur Wiederaufnahme der Tätigkeit der Alliierten Kommandantur vom 21.12.1948 (von Münch (Anm. 12), S. 151): „Solange sich die sowjetischen Behörden davon fernhalten, werden die drei westlichen Alliierten die Befugnisse der Alliierten Kommandanten ausüben, wobei es ihnen klar ist, daß ihre Entscheidungen infolge der sowjetischen Obstruktion z.Zt. nur in den Westsektoren zur Ausführung gelangen können.“

status für Berlin, was nicht immer voll den Ansprüchen der deutschen Staaten genügte. Dies gilt freilich auf westlicher Seite stärker als auf sowjetischer. Die bis auf den heutigen Tag im Ost-West-Verhältnis streitige Frage, ob denn Berlin ein Land der Bundesrepublik sei, hat einen Ursprung in einem gewissen Dissens zwischen Deutschen und Westalliierten.

Was die westliche Seite angeht, so bezieht das Grundgesetz Groß-Berlin in seinen Geltungsbereich ein. Hiergegen legten die westlichen Militärgouverneure in dem Genehmigungsschreiben zum Grundgesetz einen Vorbehalt ein, dessen rechtliche Tragweite etwas schwierig zu klären ist. Der Text lautet:

> „Ein dritter Vorbehalt betrifft die Beteiligung Groß-Berlins am Bund. Wir interpretieren den Inhalt der Artikel 23 und 144 (2) des Grundgesetzes dahin, daß er die Annahme unseres früheren Ersuchens darstellt, demzufolge Berlin keine abstimmungsberechtigte Mitgliedschaft im Bundestag oder Bundesrat erhalten und auch nicht durch den Bund regiert werden wird, daß es jedoch eine beschränkte Anzahl Vertreter zur Teilnahme an den Sitzungen dieser gesetzgebenden Körperschaften benennen darf.“

Festgehalten sei, was in diesem Vorbehalt *nicht* steht, nämlich daß Berlin kein Land der Bundesrepublik sei. Eine solche Formulierung findet sich nur in dem Schreiben der Alliierten Kommandantur über die Genehmigung der Verfassung von Berlin, die in ihrem Artikel 1 Berlin auch zu einem Land der Bundesrepublik erklärt, in dem das Grundgesetz und die Gesetze der Bundesrepublik Deutschland gelten. Diese Bestimmungen werden nicht genehmigt, in bezug auf die Übergangsvorschriften des Artikels 87 der Berliner Verfassung heißt es dann, daß sie dahingehend aufgefaßt werden,

> "daß während der Übergangsperiode Berlin keine der Eigenschaften eines zwölften Landes besitzen wird. Die Bestimmungen dieses Artikels betreffend das Grundgesetz finden nur in dem Maße Anwendung, als es zwecks Vorbeugung eines Konflikts zwischen diesem Gesetz und der Berliner Verfassung erforderlich ist. Ferner finden die Bestimmungen irgendeines Bundesgesetzes in Berlin erst Anwendung, nachdem seitens des Abgeordnetenhauses darüber abgestimmt wurde und dieselben als Berliner Gesetz verabschiedet worden sind.“

Land oder Nichtland, das ist hier die Frage. Das Bundesverfassungsgericht hat darauf abgestellt, daß das Genehmigungsschreiben der Militärgouverneure zum Grundgesetz sozusagen das höherrangige Dokument sei, daß es infolgedessen bei einem Widerspruch als ausschlaggebend angesehen werden müsse.[58] Damit sei Berlin eben doch ein Land der Bundesrepublik. Es seien nur gewisse Mitwirkungen Berlins bei der Willensbildung des Bundes und gewisse Wirkungen der Bundesgewalt in Berlin ausgeschlossen. Darum gelte das Grundgesetz grundsätzlich auch in Berlin. In neuerer Zeit hat Kewenig diesen Befund dahin formuliert, daß Berlin zwar ein Land der Bundesrepublik sei, aber kein „normales".[59] Praktisch gesehen wurde in der Folge von den Westalliierten die Einbeziehung (West-)Berlins in die Rechtsordnung der Bundesrepublik durch das Verfahren der Übernahme von Bundesgesetzen nach Berlin ermöglicht (freilich mit einem auch im Einzelfall ausgeübten Widerspruchsrecht), ebenso die völkerrechtliche Vertretung (West-) Berlins durch den Bund.

Die Gewährung der Souveränität an die Bundesrepublik Deutschland durch die Westalliierten bezog Berlin nicht ein, bezüglich Berlins blieb es beim besatzungsrechtlichen Status quo. Die westalliierte Rechtsbehauptung des Fortbestehens des Viermächte-Regimes für Gesamt-Berlin wird aufrechterhalten.

Ganz anders war die Haltung der UdSSR und der DDR. Westberlin wurde als ein Druckmittel gegenüber den Westalliierten der Bundesrepublik angesehen und benutzt, um eine Anerkennung des Status quo in Deutschland zu erreichen. In diesem Sinne wurden neue Rechtspositionen formuliert. Ausdruck dieses Bestrebens war vor allem die bekannte Note der UdSSR an die drei Westmächte vom 27.11.1958.[60] Da die Westmächte, so wurde argumentiert, das Potsdamer Abkommen und die anderen Abkommen über die Behandlung Deutschlands verletzt hätten, besäßen sie kein Recht mehr, sich auf diese Abkommen zu berufen, womit auch die Rechtsgrundlage für ihre Präsenz in Westberlin entfallen sei. Hier wurde die juristische Axt an die Wurzel des Baumes der Zugehörigkeit Westberlins zum Westen gelegt. Eine juristische Konse-

58 BVerfGE 7, 1 (S. 7ff.).

59 W. Kewenig, Entwicklungslinien des völker- und staatsrechtlichen Status von Berlin, Europa-Archiv 1984, S. 271ff. (272).

60 Text bei von Münch (Anm. 12), S. 374. Vgl. zum folgenden Langguth, Der Status Berlins aus der Sicht der DDR, Aus Politik und Zeitgeschichte B 50 (1987), S. 37ff.

quenz der These vom Nichtfortgelten der bei Kriegsende getroffenen Vereinbarungen wäre, daß die Präsenz der Westalliierten in Berlin allenfalls noch als ein Faktum betrachtet werden könnte, ein Rechtstitel zur Präsenz der Westalliierten in Ostberlin nicht mehr bestünde. Das Besatzungsregime beschränkte sich auf Westberlin. Westberlin wird auch nicht als ein Land der Bundesrepublik angesehen, sondern als besondere politische Einheit. Auf der anderen Seite wurde Ostberlin als ein integrierender Bestandteil der DDR betrachtet. Deswegen wurde auch offiziell die sowjetische Kommandantur in Berlin im Jahre 1962 aufgehoben. Allerdings blieb die sowjetische Praxis in mancher Beziehung hinter den Rechtsbehauptungen zurück. Die Funktionen des Kontakts mit den westlichen Besatzungsmächten wurden nicht, wie angedroht, auf die DDR übertragen, sondern dem „Oberkommando der Gruppe der sowjetischen Truppen in Deutschland" anvertraut.[61] Es bestanden weiter gewisse Einschränkungen der Hoheitsgewalt der DDR in Ostberlin, nämlich als Gegenstück zu den entsprechenden Regelungen für Westberlin die indirekte Wahl der Ostberliner Abgeordneten der Volkskammer und die besondere Verkündung von DDR-Gesetzen in Ostberlin in dem „Verordnungsblatt für Groß-Berlin". Ferner gab es noch Kontrollen der Volkspolizei zwischen Ostberlin und der DDR. Alle diese Besonderheiten sind freilich in der Zwischenzeit abgeschafft, allerdings erst nach dem Berlin-Abkommen in den Jahren 1976–1981. Es verbleibt eine gewisse militärische Präsenz der Westmächte in Ostberlin. Aus der Charakterisierung Westberlins als besondere politische Einheit wurde auch gefolgert, daß die Bundesrepublik nicht das Recht habe, Westberlin völkerrechtlich zu vertreten.

Die Beseitigung und Linderung der vielen kleinen und großen Unzuträglichkeiten, die sich aus dem Enklavencharakter Westberlins ergaben, waren auf westlicher Seite eines der Hauptanliegen bei der Verhandlung des Pakets der Ostverträge. Hier hatte Entspannung jenseits ihrer Bedeutung in der politischen Großwetterlage einen eminent praktischen Wert. Hier galt es jedoch, völlig inkompatible Rechtspositionen zu überbrücken. Beschränkung des Viermächtestatus auf Westberlin, Leugnung der Zugehörigkeit Westberlins zur Bundesrepublik auf der einen, Viermächtestatus für Gesamtberlin und Betonung der Zugehörigkeit Westberlins zur Bundesrepublik auf der anderen Seite. Diese Gegensätze werden im Berlin-Abkommen von 1971 in juristisch äußerst

61 Text bei von Münch (Anm. 12), S. 378f. Es verdient Beachtung, daß hier von sowjetischen Truppen in „Deutschland", nicht in der „DDR" die Rede ist.

kunstvoller Weise überspielt. Der Dissens über den Geltungsbereich des Viermächte-Regimes wird durch einen klassischen Formelkompromiß übergangen, die Regelung bezieht sich auf „das betreffende Gebiet", „the relevant area".[62] Es ist völlig klar, daß jede Seite unter diesem Gebiet etwas anderes versteht. So heißt es denn in I Ziff. 4 des Abkommens:

> „Die vier Regierungen stimmen darin überein, daß ungeachtet der Unterschiede in den Rechtsauffassungen die Lage, die sich in diesem Gebiet entwickelt hat und wie sie in diesem Abkommen sowie in den anderen in diesem Abkommen genannten Vereinbarungen definiert ist, nicht einseitig verändert wird."

Es werden hier mit anderen Worten alle grundsätzlichen Statusfragen ausgeklammert. Nicht ganz so unproblematisch ist freilich das Ausklammern in bezug auf den zweiten Problemkreis, nämlich die Anbindung Westberlins an die Bundesrepublik. Doch wird auch diese Frage praktisch geregelt, ohne daß der grundlegende Dissens über den Status entschieden wird. Ausgangspunkt der praktischen Regelung ist eine Variation der Formulierung, die wir bereits in dem Genehmigungsschreiben der westlichen Stadtkommandanten zur Berliner Verfassung finden, nämlich daß Berlin kein konstitutiver Teil der Bundesrepublik sei.[63] Dann wird aber auf der anderen Seite die „Bindung" Berlins an die Bundesrepublik anerkannt und es werden einige praktische Manifestationen dieser Bindung genauer definiert. Dies sind vor allem der Transitverkehr, die genaue Begrenzung der Bundespräsenz in Westberlin, die internationale Vertretung Westberlins durch die Bundesrepublik Deutschland einschließlich der konsularischen Betreuung von Personen mit ständigem Wohnsitz in den Westsektoren Berlins sowie die Reisedokumente für Westberliner. Hinzu kommen Regelungen über die Reisemöglichkeiten von Westberlinern nach Ostberlin und die DDR sowie die Errichtung eines sowjetischen Generalkonsulats in Westberlin (wobei die Frage, welchem Empfangsstaat dieses Konsulat zuzuordnen ist, natürlich auch schwierige Statusfragen aufgeworfen hat).

62 Vgl. dazu H. Schiedermair, Der völkerrechtliche Status Berlins nach dem Viermächte-Abkommen vom 3. September 1971, 1975, S. 14ff., 42ff.; Silagi, Der Geltungsbereich des Viermächte Abkommens, in: Zieger, (Hrsg.), Zehn Jahre Berlin-Abkommen 1971–1981, 1983, S. 103ff.

63 Vgl. dazu H. Schiedermair, Die Tragweite der Feststellung in dem Berlin-Abkommen, daß die Westsektoren „continue not to be a constituent part of the Federal Republic of Germany and not to be governed by it", in: Zieger (Anm. 62), S. 61ff.

Die Kunst, praktische Fragen unter Ausklammerung der Statusfragen zu regeln, hat sich auch in der Folgezeit bewährt, etwa bei der S-Bahn-Vereinbarung.[64] Wer allerdings gemeint hatte, daß mit dem Berlin-Abkommen wirklich alle praktischen Fragen geregelt und Status-Probleme ausgeschaltet seien, hatte sich geirrt. In der Frage der Bindungen Berlins an die Bundesrepublik Deutschland wirkt sich der fortbestehende Grunddissens auch praktisch weiterhin aus. Kraft ihres Verfassungsrechts, wie es vom Bundesverfassungsgericht auch ausgelegt wurde, sieht sich die Bundesrepublik weiterhin verpflichtet, Berlin in völkerrechtliche Verträge des Bundes mit einzubeziehen. Nach der östlichen These, nach der Berlin kein Teil der Bundesrepublik ist, haben die Vertragspartner immer ad hoc zu entscheiden, ob ein Vertrag nun auch für Westberlin gelten soll oder nicht. Soll er für Westberlin gelten, ist die Bundesrepublik selbstverständlich zum Abschluß befugt, aber eben nur dann. Dies hat, wie man weiß, immer wieder zu praktischen Schwierigkeiten geführt. Problematisch ist auch die Formulierung der Einbeziehung. Die Praxis der Bundesrepublik bis 1972 war immer die Einbeziehung des „Landes Berlin". Dies wird von östlicher Seite als eine Verletzung des Viermächte-Abkommens bezeichnet, da es ein Land Berlin nicht gebe. Deshalb wird von der Bundesrepublik im Verhältnis zu den Staaten des Warschauer Pakts die sogenannte Frank-Falin-Klausel akzeptiert, in der nur von „Berlin (West)" die Rede ist. Gegen die Verwendung der Formel „Land Berlin" in Verträgen mit anderen Staaten und in multilateralen Verträgen hat die Sowjetunion gelegentlich protestiert.[65]

Rechtsfragen des Status von Berlin werden häufig allein als eine Ost-West-Problematik gesehen. Dies trifft jedoch nicht zu, es gibt durchaus auch eine Ebene, die man als West-West-Problematik bezeichnen könnte. Nur sind die Konflikte, bei denen die hier bestehenden Rechtsfragen relevant werden können, ganz anderer Natur. Es geht dabei hauptsächlich um die Frage des Rechtsschutzes der Westberliner Bürger gegen Akte der Besatzungsgewalt. An sich liegt es in der Logik eines Besatzungsregimes, das sich aus einer kriegerischen Besetzung entwickelt, daß sich die Besatzungsmacht nicht den Gerichten des besetzten Staates

64 Vgl. dazu T. Schweisfurth, Der Status der Deutschen Reichsbahn in Berlin (West) im Lichte der Berliner S-Bahn-Vereinbarung vom 30. Dezember 1983, ZaöRV 44 (1984), S. 482ff.

65 Vgl. zu diesem Komplex E. R. Zivier, Anwendung und Beachtung des Berlin-Abkommens aus östlicher und westlicher Sicht, (Anm. 62) in Zieger, S. 191ff.; Hacker, Die außenpolitische Resonanz des Berlin-Abkommens, ebenda S. 217ff.

stellt. In dieser Logik ist eine Zuständigkeit von Berliner oder anderen deutschen Gerichten für Klagen gegen die Besatzungsmacht ausgeschlossen.[66] In einem gewandelten Kontext, in dem die Besatzung nicht mehr Phänomen eines kriegerischen Konflikts, sondern eines friedlichen Miteinander von Verbündeten ist, wird diese Art des Ausschlusses jeglicher Gerichtskontrolle nicht mehr als normal empfunden. Von daher lag es nahe, daß Westberliner, die Rechte gegen die Besatzungsmacht nicht vor Berliner Gerichten geltend machen konnten, sich an die Gerichte der Besatzungsmacht wandten, an englische und amerikanische Gerichte.

Die amerikanischen Gerichte haben dieses Verfahren auch als durchaus angemessen behandelt. Sie gingen dabei offenbar davon aus, daß die US-Behörden in Berlin amerikanische Staatsgewalt ausübten und dabei auch den Bindungen der Rechtsordnung, insbesondere der Verfassung der Vereinigten Staaten unterlagen. Der entscheidende Grund der Zurückweisung einer Klage gegen amerikanische Baumaßnahmen in Berlin bestand nur darin, daß hier eine materielle Beeinträchtigung in Grundrechten nicht geltend gemacht werden konnte.[67] Auch bei den Strafverfahren gegen Flugzeugentführer vor einem amerikanischen Gericht in Westberlin ging der Richter davon aus, daß er amerikanische Staatsgewalt ausübte, die an die Verfahrensgarantien der US-Verfassung gebunden sei.[68]

Anders hat sich Großbritannien verhalten. Bei einer Anliegerklage gegen den britischen Stadtkommandanten wegen der Einrichtung eines Schießplatzes in Gatow vor dem High Court in London haben sich der Stadtkommandant und die britische Regierung dahin eingelassen, daß die alliierte Kommandantur in Wahrheit keine Staatsgewalt der Besatzungsmächte, sondern die durch die Erklärung vom 5.06.1945 übernommene deutsche Staatsgewalt ausübe. So heißt es in einem Certificate, das der britische Außenminister dem High Court vorlegte:

66 Eine gewisse Selbstbindung in Fragen des Grundrechtsschutzes sind die Westalliierten in Berlin durch die Erklärung der Alliierten Kommandantur vom 14. Mai 1949 über die Grundsätze der Beziehungen der Stadt Groß-Berlin zur Alliierten Kommandantur eingegangen. Ziff. 6 dieser Erklärung betrifft allerdings nur Verfahrensrechte von Personen, die von alliierten Behörden verfolgt oder vor alliierten Gerichten angeklagt werden.

67 Dostal v. Haig, 652 F2d 173 (1981), U.S. Ct. of Appeals, D.C., 15.4.1981.

68 U.S. v. Tiede and Ruske, Federal Rules Decisions 86, S. 227; vgl. dazu eingehend S. Forch, Mitwirkung deutscher Geschworener an der Ausübung amerikanischer Besatzungsgerichtsbarkeit in Berlin, ZaöRV 40 (1980), S. 760ff.

„That Germany is a state for the purposes of Part I of the State Immunity Act 1958, and that the persons to be regarded for the purposes of Part I of the said act as the government of Germany include the members of the Allied Commandantura of Berlin including the British Military Commandant, currently Major General Barnett, Charles Gordon Lennox."

Der High Court,[69] an dieses Zertifikat rechtlich gebunden, wurde also in folgendes Dilemma gebracht. Er konnte die britischen Militärbehörden in Berlin nicht mehr als britische Staatsgewalt im Sinne des Crown Proceedings Act ansehen und verurteilen, einer Klage gegen die gleichen Behörden in ihrer Eigenschaft als Träger deutscher Staatsgewalt stand aber ein anderes Gesetz, der State Immunity Act entgegen. Man merkt dem Urteil des High Court seinen Widerwillen gegen diese Konsequenz an, die er aber nicht überwinden zu können glaubt. Diese britische Haltung ist durchaus vergleichbar mit dem, was oben als der Reichsvorbehalt zu den Ostverträgen bezeichnet wurde. Hier wird die Konstruktion des Fortbestands des Deutschen Reiches dazu benutzt, bestimmten Verpflichtungen und Festlegungen zu entgehen. Wenn es allerdings wirklich deutsche Staatsgewalt ist, müßten hier Konsequenzen aus der Identitätsthese gezogen werden. Auch diese deutsche Staatsgewalt müßte darum an die Europäische Menschenrechtskonvention gebunden sein, die eine Rechtsschutzgarantie wenigstens für die Durchsetzung der Rechte aus der Konvention enthält. Die Europäische Menschenrechtskommission hat allerdings in ihrer Entscheidung vom 18. 1. 1981 die Bundesrepublik als offensichtlich nicht für die geltend gemachte Verletzung der EMRK verantwortlich angesehen und die Beschwerde gegen Großbritannien aus anderen Gründen für unzulässig gehalten.[70]

69 Trawnik v. Ministry of Defense, (1984) 2 ALLER 791. Vgl. zum Ganzen R. Geulen, Rechte Betroffener und gerichtlicher Rechtsschutz gegenüber hoheitlichen Maßnahmen der Alliierten in West-Berlin, NJW 1985, S. 1055ff. Zur britischen Sicht des Berlin-Status insgesamt J. Hendry/M. C. Wood, The Legal Status of Berlin, 1987.

70 Die Entscheidung ist abgedruckt in ZaöRV 49 (1989), S. 512ff.; vgl. dazu G. Nolte, Rechtsschutz gegen Akte der Besatzungsmächte in Westberlin, ebenda, S. 499ff.

7 Schlußbemerkungen

Die vorstehenden Ausführungen sind eine Antwort auf die Frage nach der Rechtslage schuldig geblieben. Stattdessen wurden unterschiedliche Rechtspositionen gezeigt, d.h. keine Objektivität, sondern Relativität. Diese Relativität entspricht jedoch der realen Funktion, die das Völkerrecht im vorliegenden Zusammenhang hat. Es dient vor allem als Waffe in einer politischen Auseinandersetzung, zur Stärkung politischer Interessenpositionen. Die wesentliche Funktion des Rechts, Frieden zu stiften, Verhalten sozialverträglich zu steuern, vorhersehbar zu machen, tritt hier zunächst in den Hintergrund. Zu dieser Funktion gehört nämlich, daß der Inhalt der Norm außer Streit steht, oder daß es Verfahren gibt, ihn außer Streit zu stellen. Als ein solches Verfahren steht in den Fragen, um die es hier geht, nur die Konsensbildung zur Verfügung. Diese ist immer auch politisch determiniert.

Also ein Abschied des Juristen aus der deutschen Frage? Gewiß nicht.

Zum ersten: idealiter gibt es sie ja, die objektive Rechtslage. Manches von dem, was an rechtlichen Positionen vorgestellt wurde, ist lege artis besser oder schlechter begründet als anderes. Dies konnte nur angedeutet werden. Es ist sicherlich Aufgabe der Rechtswissenschaft, nach der objektiven Rechtslage zu suchen und mahnend darauf hinzuweisen. Eine Aufgabe, der sich die deutsche Rechtswissenschaft lange versagt hat, und die sie in zunehmendem Maße erfüllt.

Zum zweiten: es ist eine legitime Funktion des Rechts, als ein Mittel der Interessendurchsetzung von Parteien zu dienen. Die Rechtsfindung in jedem kontradiktorischen Verfahren beruht darauf.

Zum dritten: Die subtilen Formen von Teilkonsens und Teilausgleich, die allein Wege aus der komplexen Verwicklung der politischen Lage weisen, sind ohne die hohe Kunst völkerrechtlicher Kautelarjurisprudenz nicht möglich. Schmiedet der Jurist die Waffen des Kampfes, so schnitzt er doch auch die Friedenspfeife.

PS. Diese Zeilen wurden vor dem 9. November 1989 geschrieben, aber erst danach korrigiert. Nunmehr hat eine neue Phase begonnen, in der sich Deutschland als Rechtsproblem anders darstellen wird. Die vorstehenden Ausführungen betreffen also eine abgeschlossene Epoche. Dennoch: das Rechtsargument als Mittel der Interessendurchsetzung scheint immer noch nicht ausgedient zu haben. Aber neue Formen der Zusammenarbeit zwischen den beiden deutschen Staaten und in Gesamteuropa werden auch neue Herausforderungen für den Juristen bedeuten.

DIE ROLLE DER BUNDESREPUBLIK DEUTSCHLAND IM ATLANTISCHEN BÜNDNIS UND DIE DEUTSCHE FRAGE

Helga Haftendorn

I.

In einem historischen Rückblick hat Alfred Grosser die Bundesrepublik Deutschland als eine „Zwillingsschwester" des Atlantischen Bündnisses bezeichnet.[1] Diese Aussage verweist auf Zusammenhänge zwischen beiden, zumindest in ihrer Entstehungsgeschichte. Sie sollen im ersten Teil dieses Papiers herausgearbeitet werden.

Die Gründung der NATO ebenso wie die Schaffung eines deutschen „Weststaates" waren Teil der Auseinandersetzung zwischen den beiden Hauptsiegermächten des Zweiten Weltkrieges, den Vereinigten Staaten von Amerika und der Sowjetunion, um die Kontrolle über den europäischen Kontinent. Sie konstituieren den Kern der „deutschen Frage".[2]

Spätestens seit dem Prager Coup vom 24. Februar 1948 haben zumindest die USA ihre Besatzungstruppen in Deutschland als Schutz gegen eine sowjetische Aggression ebenso wie als Vorkehrung gegen das Wiederaufleben eines deutschen Militarismus gesehen. Ursprünglich sollte die Sechs-Mächte-Konferenz über Europäische Sicherheit, die vom 6.–17. März 1948 in Brüssel tagte, nach dem Modell des Vertrages von Dünkirchen vor allem Schutz vor Deutschland bieten; nur unter dieser Voraussetzung war Frankreich bereit, einer Einbeziehung der

1 Alfred Grosser, Die Bundesrepublik Deutschland – Bilanz einer Entwicklung, Tübingen 1967, S. 12.

2 Die „deutsche Frage" hat in diesem Zusammenhang zwei Dimensionen: zum einen wird Bezug genommen auf das Kernproblem europäischer Geschichte, nämlich die Frage, welcher Staat oder welche Staaten die Kontrolle über die Mitte Europas ausüben sollten. Zum andern bezieht sie sich auf die Zukunft der nach dem Zweiten Weltkrieg geteilten deutschen Nation. In Abhängigkeit von den internationalen und innenpolitischen Rahmenbedingungen wandelten sich die Vorstellungen über mögliche Lösungsmöglichkeiten von dem unbedingten Festhalten am Ziel staatlicher Wiedervereinigung bis zur bedingten Anerkennung deutscher Zweistaatlichkeit.

Westzonen Deutschlands in den Marshall-Plan zuzustimmen. Der von der Konferenz ausgearbeitete und angenommene Brüsseler Vertrag, die spätere Westeuropäische Union, trug beiden Sorgen Rechnung: der Furcht vor Deutschland ebenso wie der vor der Sowjetunion.

Die Zusage der Vereinigten Staaten, ihre Besatzungstruppen auf absehbare Zeit in Deutschland zu belassen, die Erklärung, daß die USA im Falle einer erneuten deutschen Aggression sofort Konsultationen mit Frankreich und Großbritannien aufnehmen würden, sowie die Bereitschaft, zusammen mit diesen beiden Ländern ein Militärisches Sicherheitsamt zu schaffen, mit dessen Hilfe ein Wiederentstehen des deutschen Militarismus verhindert werden sollte, waren Voraussetzungen dafür, daß Frankreich im Juni 1948 in den Zusammenschluß der drei Westzonen und in die Vorbereitungen zur Staatswerdung der Bundesrepublik einwilligte. In gleicher Weise bestand für die französische Regierung ein nicht nur zeitlicher, sondern vor allem ein politischer Zusammenhang zwischen der Gründung der Bundesrepublik und der Zustimmung zum vom Parlamentarischen Rat ausgearbeiteten Grundgesetz einerseits und dem Abschluß des NATO-Vertrages andererseits. Die mit dem NATO-Vertrag kodifizierte Bindung der Vereinigten Staaten an den westeuropäischen Kontinent sollte vor allem Schutz vor einer erneuten „deutschen Gefahr" bieten, darüber hinaus aber auch sicherstellen, daß ein genügend starkes Gegengewicht gegen eine mögliche sowjetische Expansion vorhanden war.

Die USA sahen das ähnlich. So erklärte der republikanische Senator John Foster Dulles am 2. Mai 1949 vor dem Auswärtigen Ausschuß des Senates: „The pact is needed to make it possible to solve the problem of Germany."[3] Dulles fürchtete, unter den gegenwärtigen Umständen könnte Deutschland eines Tages eine Annäherung an die Sowjetunion suchen, um auf diese Weise seine Wiedervereinigung zu erreichen und die verlorenen Ostgebiete wiederzugewinnen. Eine Verbindung zwischen Deutschland und Rußland würde jedoch nicht nur das europäische, sondern auch das globale Gleichgewicht aus den Angeln heben. Um dies zu verhindern, müßte Deutschland fest in den Westen integriert werden. Das amerikanische Engagement in Westeuropa war notwendig, um hier eine deutsche Dominanz zu verhindern, um mögliche deutsche Aspirationen kontrollieren und ihnen gegensteuern zu können.

3 U. S. Congress, Senate, Committee on Foreign Relations, The North Atlantic Treaty. Hearings Before the Committee on Foreign Relations, United States Senate on Executive Law. 81st Congress, 1st session, 1949, 3 parts, part 2, p. 341.

Die Einbindung des deutschen Potentials schien noch dringlicher, als unter dem Einfluß des Korea-Krieges eine deutsche Wiederbewaffnung in Aussicht genommen wurde. Bei den Verhandlungen über die Europäische Verteidigungsgemeinschaft und, nach deren Scheitern, über den NATO-Beitritt der Bundesrepublik, ging es ebenso um Sicherheit für Deutschland wie um Sicherheit vor Deutschland. Auf amerikanischer Seite hatte die militärische Integration der Bundesrepublik eine gewisse Dringlichkeit: „Germany was recovering her independence in spirit and in fact so rapidly that we had possibly no more than another year in which to influence her course toward (the) West."[4] Aus dieser Sicht diente die Mitgliedschaft der Bundesrepublik in der Atlantischen Allianz dazu, diese noch weiter im Westen zu verankern. Es ist nicht anzunehmen, daß die Bundesrepublik als Teil eines ehemaligen „Feindstaates" ohne die durch den Kalten Krieg aktualisierte „deutsche Frage" bereits so kurz nach Ende des Zweiten Weltkrieges in ein von den westlichen Siegermächten dominiertes Verteidigungsbündnis aufgenommen worden wäre.

Die Ankündigung der Vereinigten Staaten, daß sie vier weitere Divisionen (zusätzlich zu den zwei Divisionen Besatzungstruppen) in Europa stationieren würden, war nach außen hin primär eine Reaktion auf den kommunistischen Angriff auf Südkorea; bündnisintern war sie jedoch die Voraussetzung dafür, daß Frankreich seine Vorbehalte gegen eine westdeutsche Wiederbewaffnung aufgab (Spofford Kompromiß). Aus innenpolitischen und militärpolitischen Gründen wünschte Washington einen deutschen Verteidigungsbeitrag; er war die Voraussetzung dafür, daß die USA zu konkreten Schritten zur Implementierung des Art. 5 des NATO-Vertrages bereit waren. Bei der Unterzeichnung des EVG-Vertrages am 27. Mai 1952 erklärten die Vereinigten Staaten und Großbritannien, daß sie die für eine gemeinsame Verteidigung Westeuropas erforderlichen Streitkräfte weiterhin auf dem europäischen Festland einschließlich Deutschlands belassen würden. Diese Erklärung wiederholten beide Regierungen im April 1954 (also während der Debatte über die Ratifizierung der EVG in der französischen Nationalversammlung) und am 29. September 1954 auf der Londoner Acht-Mächte-Konferenz, auf der der Beitritt der Bundesrepublik zur umgestalteten Westeuropäischen Union und zur NATO beschlossen wurde. Die Nichtlösbarkeit der deutschen Frage erforderte die Allianzgründung

4 Stellungnahme der U. S. Delegation bei dem Drei-Mächte-Vorbereitungstreffen, zit. bei Timothy P. Ireland, Creating the Entangling Alliance. The Origins of the North Atlantic Treaty Organization, Westport/CN. 1981, S. 174.

ebenso wie die Einbettung der Bundesrepublik in diese. Gleichzeitig verfestigte sie auch wieder die Teilung Europas und damit die Unlösbarkeit der deutschen Frage.

Die Bonner und Pariser Verträge stellten ein abgestimmtes System von Leistungen und Gegenleistungen dar. Sie regelten zum einen den Verteidigungsbeitrag der Bundesrepublik und ihre Mitgliedschaft im Atlantischen Bündnis und gleichzeitig die Kontrolle eben dieser Aufrüstung im Rahmen der WEU; zum anderen ermöglichten sie die Ablösung des Besatzungsregimes und die Entlassung der Bundesrepublik in die staatliche Souveränität. Dabei behielten sich die drei Westmächte Rechte in bezug auf Deutschland als Ganzes und Berlin vor. Ihre Unterstützung des deutschen Wunsches nach staatlicher Wiedervereinigung wurde gebunden an die Zusage der Bundesrepublik, sich in ihrer Politik der Anwendung oder der Androhung von Gewalt gemäß Art. 2 der UN-Charta zu enthalten.[5]

An dieser logischen Verknüpfung von NATO-Beitritt und deutscher Frage entzündete sich dann auch die Kritik innerhalb der Bundesrepublik. Die SPD-Opposition fürchtete, mit der Westbindung – insonderheit auf militärischem Gebiet – werde die Wiedervereinigung erschwert, wenn nicht unmöglich gemacht. Die Sowjetunion werde kaum bereit sein, in die Wiedervereinigung Deutschlands einzuwilligen, wenn die Gefahr bestehe, daß dessen militärisches und ökonomisches Potential dem Westen zufalle. Die von der Bundesregierung im Verein mit den USA proklamierte „Politik der Stärke", wonach Moskau die DDR am ehesten dann „freigeben" würde, wenn der Westen Geschlossenheit und Stärke demonstrierte, überzeugte sie wenig. Mit dieser Auffassung sollten sie recht behalten; weniger jedoch mit ihrer Annahme, daß sich die Wiedervereinigung erreichen lassen würde, wenn den sowjetischen Sicherheitsinteressen durch Neutralisierung oder Rüstungsbeschränkung Deutschlands Rechnung getragen würde. Das Scheitern des Deutschland-Plans der SPD von 1959 – ebenso wie zahlreicher anderer Vorstöße in dieser Richtung – machten dies ganz deutlich.[6]

5 Vgl. die Erklärung der Regierung der Vereinigten Staaten von Amerika, des Vereinigten Königreichs und Frankreichs sowie die Erklärung der Bundesrepublik Deutschland vom 3. Oktober 1954 anläßlich der Unterzeichnung der Pariser und Bonner Verträge, in: Rechtsstellung Deutschlands. Völkerrechtliche Verträge und andere rechtsgestaltende Akte, hrsg. von Dietrich Rauschning, München 1985 (Beck-Texte im dtv), S. 50f.

6 Vgl. dazu Lothar Wilker, Die Sicherheitspolitik der SPD 1956–1966. Zwischen Wiedervereinigungs- und Bündnisorientierung, Bonn-Bad Godesberg 1977.

Auch alle alliierten Pläne zur Lösung der deutschen Frage im Sinne einer Wiedervereinigung Deutschlands waren an gleichzeitige Sicherheitsregelungen gebunden. Die westeuropäischen Nachbarn Deutschlands waren nur bereit, seiner Wiedervereinigung zuzustimmen, wenn das deutsche Potential begrenzt und in ein europäisches Sicherheitssystem eingebunden werden konnte. Die Deutschland-Pläne der Alliierten vom Eden-Plan von 1955 bis zum Herter-Plan von 1959 waren Ausdruck dieser politischen Philosophie.[7] Umgekehrt knüpfte die Bundesregierung die Verwirklichung von Vorschlägen über Abrüstung und Rüstungsbeschränkung an die Erwartung, daß gleichzeitig auch Fortschritte bei der Lösung der deutschen Frage erzielt würden. Von Maßnahmen oder Zonen kontrollierter Rüstung befürchtete sie darüber hinaus Einbußen an Souveränität und einen diskriminierenden Sonderstatus.[8] Dieses Junktim wurde zum Joker, der in den fünfziger Jahren eine wie auch immer geartete Regelung zwischen Ost und West verhinderte.

In der Phase der Détente-Politik bestand der enge politische Zusammenhang zwischen Atlantischer Allianz und deutscher Frage fort, auch wenn die Politik des Junktims aufgegeben wurde. Auf der deklaratorischen Ebene fand dies seinen Ausdruck im Harmel-Bericht vom Dezember 1967, in dem es hieß:

> „Die Atlantische Allianz hat zwei Hauptfunktionen. Die erste besteht darin, eine ausreichende militärische Stärke und politische Solidarität aufrechtzuerhalten, um gegenüber Aggressionen und anderen Formen von Druckanwendung abschreckend zu wirken, und das Gebiet der Mitgliedstaaten zu verteidigen, falls es zu einer Aggression kommt. Seit ihrer Gründung hat die Allianz diese Aufgabe erfolgreich erfüllt. Aber die Möglichkeit einer Krise kann nicht ausgeschlossen werden, solange die zentralen politischen Fragen in Europa, zuerst und zunächst die Deutschland-Frage, ungelöst bleiben. Außerdem schließt die Situation der Unstabilität und Ungewißheit noch immer eine ausgewogene Verminderung der Streitkräfte aus. Unter diesen Umständen werden die Bündnispartner zur Sicherung des Gleichgewichts der Streitkräfte das erforderliche militärische Potential aufrechterhalten und dadurch ein Klima der Stabilität, der Sicherheit und des Vertrauens schaffen.

7 Vgl. Charles R. Planck, Sicherheit in Europa. Die Vorschläge für Rüstungsbeschränkung und Abrüstung 1955–1965, München 1968.

8 Thomas Jansen, Abrüstung und deutsche Frage. Die Abrüstungsfrage als Problem der deutschen Außenpolitik, Mainz 1968.

In diesem Klima kann die Allianz ihre zweite Funktion erfüllen: die weitere Suche nach Fortschritten in Richtung auf dauerhaftere Beziehungen, mit deren Hilfe die grundlegenden politischen Fragen gelöst werden können. Militärische Sicherheit und eine Politik der Entspannung stellen keinen Widerspruch, sondern eine gegenseitige Ergänzung dar ...“[9]

Mit der Ostpolitik der Sozial-Liberalen Koalition wurde nur scheinbar der enge inhaltliche und prozedurale Zusammenhang zwischen Atlantischer Allianz und deutscher Frage aufgegeben. Völkerrechtlich ist von Bedeutung, daß alle Ostverträge ebenso wie der Beitritt der beiden deutschen Staaten zu den Vereinten Nationen explizit vom Fortbestand der bestehenden internationalen Vereinbarungen ausgehen.[10] Diese Aussage bezieht sich sowohl auf die Rechte und Pflichten der Vier Mächte wie auf den Fortbestand der Bündnisse.

Moskauer und Warschauer Vertrag wurden zwar nicht in der NATO, aber in der Vierer-Gruppe in Bonn (der Vertreter der drei Westmächte sowie der Bundesregierung angehören) abgestimmt. Außerdem gab es ein Junktim zwischen der Ratifizierung der Ostverträge und dem erfolgreichen Abschluß der Vier-Mächte-Verhandlungen über Berlin. Nachdem sich die Bundesrepublik in den Ostverträgen zur Respektierung des territorialen Status quo in Europa verpflichtet hatte, sollte die Sowjetunion nun in bezug auf Berlin Gleiches tun. Da über Berlin aber nur die Vier Mächte verhandeln konnten, gab ihnen dies ein Instrument an die Hand, um in die Ost- bzw. Westpolitik der beiden deutschen Staaten steuernd eingreifen zu können. Schließlich bestand ein prozeduraler Zusammenhang zwischen Fortschritten bei dem Bemühen, einen Modus vivendi in der deutschen Frage zu finden, und der Aufnahme von multilateralen Verhandlungen über Sicherheit und Zusammenarbeit sowie über eine Truppenreduzierung in Europa.

In negativer Weise wurde dieser Zusammenhang angesichts der durch Afghanistan- und Polen-Krise deutlich gewordenen Verschlechterung der Ost-West-Beziehungen sichtbar. Diese behinderte nicht nur die

9 Die künftigen Aufgaben der Allianz (Harmel-Bericht), vom NATO-Ministerrat am 14.12.1967 in Brüssel verabschiedet, in: Das Atlantische Bündnis. Tatsachen und Dokumente, hrsg. vom NATO-Informationsdienst, Brüssel 1982, S. 325f.

10 Vgl. die Erklärung der Regierungen Frankreichs, Großbritanniens, der Sowjetunion und der Vereinigten Staaten von Amerika betr. die Rechte und Verantwortlichkeiten der Vier Mächte in Deutschland, in: Rechtsstellung Deutschlands (Anm. 5), S. 35.

deutsch-deutschen Beziehungen, sondern zwang die Bundesrepublik um der Bündnissolidarität willen zu Strafmaßnahmen gegenüber der Sowjetunion, welche ihre Entspannungspolitik belasteten (und gleichzeitig die Implementierung des NATO-Doppelbeschlusses innenpolitisch erschwerten). Andererseits gelang es ihr dann im Gegenzug, auf die Vereinigten Staaten einzuwirken und diese an den Verhandlungstisch zurückzuholen. Auch Washington konnte nur begrenzt eine Politik führen, welche die Interessen der europäischen Partner vernachlässigte und Einwirkungsmöglichkeiten auf die Situation in Mitteleuropa riskierte.

II.

Im zweiten Teil wird gefragt, in welcher Weise das Atlantische Bündnis den Handlungsspielraum der Bundesrepublik Deutschland erweitert oder begrenzt. Dabei gilt es im Auge zu behalten, daß das Bündnis nichts Statisches ist, sondern sich im Laufe der Zeit ebenso gewandelt hat wie die Rolle der Bundesrepublik in diesem.

Zunächst ist daran zu erinnern, daß die Bundesrepublik ihre staatliche Souveränität erst 1955 gleichzeitig mit dem Bündnisbeitritt erhielt, daß dieser gleichsam eine conditio sine qua non für die Ablösung des Besatzungsstatuts war. Indem das Bündnis als Ganzes die Erklärung der Regierungen der drei Westmächte vom 3. Oktober 1954 „mit Genugtuung zur Kenntnis" nahm, wonach diese die Bundesregierung als die einzige deutsche Regierung betrachteten, die berechtigt sei, „für Deutschland als Vertreterin des deutschen Volkes in internationalen Angelegenheiten zu sprechen" und erklärten, daß die „Schaffung eines völlig freien und vereinigten Deutschland ... ein grundlegendes Ziel ihrer Politik bleibt"[11], gab es der Bundesrepublik überhaupt erst die Möglichkeit, selbst Deutschland-Politik zu betreiben, und zwar nach Osten ebenso wie nach Westen. Nach Osten sicherte die Bindung an den Gewaltverzicht nach Art. 2 der UN-Charta ihre in der Tendenz „revanchistische" Politik gegen den Vorwurf ab, sie gefährde den Frieden in Europa. Nach Westen hin schützte sie die Einbettung in das Bündnis vor dem Verdacht, ihre Ostpolitik sei das Vorspiel zu einem neuen „Rapallo".

11 Entschließung des Nordatlantikrates vom 22.10.1954 über die Zustimmung der übrigen Parteien des Nordatlantik-Vertrages zu den Erklärungen der Bundesrepublik und der Drei Mächte, in: Rechtsstellung Deutschlands (Anm. 5), S. 50ff.

Der von der Bundesregierung ausgesprochene Gewaltverzicht stellte keine Einengung ihres Handlungsspielraums dar, erweiterte diesen vielmehr, da sich die drei Westmächte im Gegenzug auch ihrerseits auf den Art. 2 der UN-Charta verpflichteten und damit auf ihre Rechte aus den Art. 53 und 107, den sog. „Feindstaatenklauseln“, verzichteten.

Die Beschränkung des Handlungsspielraumes war subtiler. Innenpolitisch wirkte sie sich dahingehend aus, daß die Westbindung eine Faktizität entwickelte, angesichts der alles Nachdenken über Alternativen gleichsam als illegitim oder als kommunistische Propaganda abgestempelt werden konnte. Die SPD-Opposition erwirkte sich erst dann innenpolitische Handlungsmöglichkeiten, als sie mit der Rede Herbert Wehners vom 30. Juni 1960 explizit die Westbindung als außenpolitische Grundlage akzeptierte.

Außenpolitisch stellte die Mitgliedschaft im Bündnis einen Anpassungszwang an die politischen Positionen der Partner dar, insbesondere an diejenigen der Vormacht des westlichen Bündnisses, der Vereinigten Staaten. Um keine Zweifel an ihrer Bündnissolidarität aufkommen zu lassen, bemühte sich die Bundesrepublik, mit ihrer Politik nicht in Widerspruch zu derjenigen der USA zu geraten. Dies schloß nicht aus, daß sie sich im Vor- oder Umfeld von Entscheidungen darum bemühte, Washington von ihren Auffassungen zu überzeugen. Die „Rückblenden“ Wilhelm Grewes[12], von 1959–1962 deutscher Botschafter in Washington, legen beredt Zeugnis davon ab, daß dies oft nicht gelang. Dennoch versuchte die Bundesregierung, offene Konflikte in den deutsch-amerikanischen Beziehungen zu vermeiden. Je mehr sich die USA vom Konsens des Kalten Krieges entfernten, daß gegenüber der Sowjetunion eine Eindämmungsstrategie verfolgt und dem Westen jede Bereitschaft zur Kooperation als Schwäche ausgelegt würde, desto schwieriger wurde es für die Bundesregierung, an ihrer bisherigen Deutschland-Politik festzuhalten. Deren Ziel war zwar „Einheit in Freiheit“, im Ergebnis sollten der Sowjetunion jedoch Einflußmöglichkeiten in Mitteleuropa verweigert werden. Zwischen der von den USA nach der Kuba-Krise eingeleiteten Politik einer begrenzten Kooperation mit der Sowjetunion und der maximalistischen Deutschland-Politik Bonns kam es daher zunehmend zu Spannungen, die in der Folge den Handlungsspielraum der Bundesrepublik nachhaltig einschränkten.

12 Vgl. Wilhelm G. Grewe, Rückblenden. Aufzeichnungen eines Augenzeugen deutscher Außenpolitik von Adenauer bis Schmidt, Frankfurt u.a. 1979.

Diese Prioritätenkonflikte versuchte die Bundesregierung in den sechziger Jahren auf die Weise aufzulösen, daß sie eine Politik langsamer Annäherung an die osteuropäischen Staaten einleitete, wobei sie sich jedoch bemühte, ihren Rechtsstandpunkt in der deutschen Frage zu wahren und ihren Rechtsanspruch auf Unterstützung dieser Position durch die Westalliierten zu behaupten. Ein Beispiel war die sog. „Friedensnote" Bonns vom März 1966.[13] Die westlichen Verbündeten waren jedoch nur noch sehr eingeschränkt dazu bereit, ihre Deténte-Politik zum Gefangenen der Bonner Deutschland-Politik werden zu lassen. Im Streit über den Nichtverbreitungs-Vertrag wurde deutlich, daß z.B. die Vereinigten Staaten unter bestimmten Bedingungen einer Vereinbarung mit dem machtpolitischen Konkurrenten und „Systemgegner" Vorrang gaben vor der Rücksichtnahme auf den Bündnispartner. In gleicher Weise wuchs der Druck auf die Bundesrepublik, auch ihrerseits einen Ausgleich mit der Sowjetunion und den osteuropäischen Staaten sowie einen Modus vivendi für die offene deutsche Frage zu suchen. Zum Instrument dieses Modus vivendi wurde der Austausch von Gewaltverzichtserklärungen nach Art. 2 der UN-Charta mit der Sowjetunion und den osteuropäischen Staaten, zwar nicht in abstrakter Form, wie ursprünglich von der Bundesregierung angestrebt, sondern bezogen auf den nach Ende des Zweiten Weltkrieges in Europa entstandenen territorialen Status quo.

Dabei zeigte sich, daß auch die Vier Siegermächte des Zweiten Weltkrieges einen Modus vivendi in der deutschen Frage und keine endgültige Lösung wollten, auch nicht im Sinne einer Anerkennung der Zweistaatlichkeit. In den Bonner und Pariser Verträgen hatten sich die Westmächte, gestützt auf ihre Rechte als Siegermächte des Zweiten Weltkrieges, Mitspracherechte im Hinblick auf Deutschland als Ganzes und Berlin gesichert, die dann hinfällig geworden wären. Zusammen mit den fortbestehenden Resten des Besatzungsrechts in Berlin und der Präsenz ihrer Truppen in Deutschland gaben ihnen diese Einwirkungsmöglichkeiten auf die Entwicklung in Mitteleuropa. Ihren sinnfälligsten Ausdruck fanden sie im Vier-Mächte-Abkommen über Berlin.

Die Bundesregierung bemühte sich aber auch ihrerseits, ihre Ostpolitik im Atlantischen Bündnis verankert zu halten. Hinsichtlich ihrer Zielsetzung konnte sie sich auf den Harmel-Bericht berufen, in dem das Bündnis 1967 erklärt hatte, daß militärische Sicherheit und Bemühun-

13 Vgl. Zirkularnote der Bundesregierung zur Friedenspolitik vom 25. März 1966, in: Europa-Archiv, Folge 7/1966, S. D 171–175. Siehe auch meine Darstellung in: Sicherheit und Entspannung. Zur Außenpolitik der Bundesrepublik Deutschland 1955–1982, Baden-Baden [2]1986, S. 278ff.

gen um Entspannung keinen Widerspruch, sondern komplementäre Ziele darstellten. In ihrer Vorgehensweise suchte sie ihre Ostpolitik durch intensive Konsultationen abzusichern, die sowohl in bilateralen Kontakten als auch in der Vierer-Gruppe in Bonn geführt wurden. Daß dies nicht immer gelang, zeigt die Beunruhigung in den westlichen Hauptstädten, die der Besuch von Bundeskanzler Brandt bei Generalsekretär Breschnjew im September 1971 in Oreanda auf der Krim auslöste. Bonn bemühte sich darüber hinaus, seine zunächst bilaterale Ostpolitik, nachdem ein Modus vivendi über die Ergebnisse des Zweiten Weltkrieges mit Moskau und Warschau erreicht worden war, alsbald in eine gemeinsam vom Bündnis geführte multilaterale Verhandlungsdiplomatie überzuleiten. Sieht man einmal von den deutsch-deutschen Beziehungen ab, so bestand die Ostpolitik Bonns seit 1973 im wesentlichen aus Westpolitik.

Wenn die Folgen der Teilung gemildert werden sollten, dann mußten zum einen die Gefahren der militärischen Konfrontation entschärft und zum anderen die menschlichen Verbindungen durch einen erleichterten Austausch von Menschen, Meinungen und Ideen verstärkt werden. Die Wiener MBFR-Verhandlungen und der KSZE-Prozeß dienten diesem Ziel. Auf beiden Konferenzen war das Bündnis als Ganzes vertreten, die Verhandlungsstrategie mußte daher zunächst im Rahmen von innerwestlichen Konsultationen erarbeitet werden. Als von der Teilung am unmittelbarsten betroffenes Land beanspruchte die Bundesrepublik bei der KSZE eine Vorrangstellung, die sie jedoch nicht unilateral ausübte, als deren institutionellen Rahmen sie vielmehr die Europäische Politische Zusammenarbeit (EPZ) nutzte und stärkte. In einer im Juni 1974 in Garmisch zwischen den Außenministern Kissinger und Genscher getroffenen Absprache konzedierten die USA Bonn eine derartige Führungsrolle, wenn dieses seinerseits die amerikanische Nahost-Politik unterstützte. Bei den MBFR-Verhandlungen, die anders als die KSZE eine Block-zu-Block-Veranstaltung waren, liefen sich deutsche Verhandlungsinitiativen in der Regel in zähen bündnisinternen Abstimmungsprozessen fest oder scheiterten an Bedenken der USA. Hier zeigte sich, daß die Bundesrepublik in sicherheitsrelevanten Fragen höchstens ein Vetorecht hatte, sie aber keine Initiativfunktion ausüben konnte, zumal dann nicht, wenn der stärkste Bündnispartner, die USA, andere Prioritäten verfolgte.[14]

14 Zur Rolle der Bundesrepublik im KSZE-Prozeß sowie bei den MBFR-Verhandlungen vgl. Sicherheit und Entspannung (Anm. 3), Kap. V, S. 413ff., und Kap. VI., S. 517 ff.

Insbesondere gelang es der Bundesregierung nicht, eines der Hauptziele ihrer Entspannungspolitik durchzusetzen und parallel zu menschlichen Erleichterungen auch einen Abbau der militärischen Konfrontation in Europa zu erreichen. Weder ließen sich – wie von Bonn gewünscht – KSZE und MBFR institutionell und zeitlich verzahnen, noch gelang es, dem relativen Erfolg bei der Aushandlung der KSZE-Schlußakte in Genf einen ebensolchen bei den MBFR-Verhandlungen in Wien an die Seite zu stellen. Sowohl im konventionellen Bereich als auch vor allem bei den nuklearen Mittelstreckensystemen ging der Rüstungswettlauf in Europa weiter und verschärfte die Ost-West-Spannungen ebenso wie die bündnisinternen Konflikte.

Dies zeigte sich vor allem im Zusammenhang mit dem NATO-Doppelbeschluß. Sein Anlaß war eine wachsende Besorgnis über das Anwachsen sowjetischer militärischer Fähigkeiten in einer nicht in den Ost-West-Rüstungskontrolldialog einbezogenen „Grauzone" im Mittelstreckenbereich, die den Westen zu Gegenmaßnahmen veranlaßte. Während die Bundesregierung zunächst darauf drängte, diesen Bereich in die SALT-Verhandlungen einzubeziehen – sich gleichzeitig, jedoch aus ganz anderen Überlegungen, gegen ein „Wegverhandeln" der Marschflugkörper-Option aussprach – kamen die Amerikaner zu der Überzeugung, daß den europäischen Befürchtungen wahrscheinlich dauerhaft nur durch die Stationierung neuer amerikanischer Mittelstreckenwaffen in Westeuropa zu begegnen sei. Die von Bonn – nicht zuletzt aus innenpolitischen Gründen – durchgesetzte Verhandlungsoption trat demgegenüber zurück.[15] Die Bundesregierung wurde im Zuge der Implementierung des NATO-Doppelbeschlusses zum Demandeur in Sachen Rüstungskontrolle. Sie war jedoch nicht in der Lage, die verschiedenen Anläufe so nachhaltig zu beeinflussen, daß diese zu einem Ost-West-Verhandlungsergebnis geführt hätten. Auf wichtige Schritte wie den Genfer „Waldspaziergang" oder den Gipfel in Reykjavik hatte sie keinerlei Einfluß.

Das „Sicherheitsdilemma" der Bundesrepublik besteht darin, daß sie zum Schutz vor einer militärischen Bedrohung der Bindung an die Verteidigungsgarantie der Vereinigten Staaten bedarf, die mit ihrem militärischen Potential die Fähigkeit zur glaubwürdigen Abschreckung besitzen. Diese Koppelung schützt die Bundesrepublik vor einem direk-

15 Zum NATO-Doppelbeschluß vgl. meine These vom „doppelten Mißverständnis", u.a. in: Sicherheit und Stabilität. Außenbeziehungen der Bundesrepublik zwischen Ölkrise und NATO-Doppelbeschluß, München 1986, S. 92ff.

ten Angriff, beinhaltet jedoch gleichzeitig die Gefahr, daß Westeuropa dadurch in Konflikte an der Peripherie hineingezogen wird – sei es bei einem Versagen des Krisenmanagement, sei es im Zuge vorbedachter Eskalation. Während Bonn jede Schwächung der Koppelung im zentralen Bereich mit Besorgnis verfolgt, aber einem amerikanischen Unilateralismus nur begrenzt entgegenwirken kann (dies zeigt das Beispiel der Strategischen Verteidigungsinitiative Präsident Reagans), plädiert es andererseits mit Blick auf Konflikte in der Dritten Welt für die „Teilbarkeit" von Spannungen. Die Bundesrepublik kann eine derartige Politik jedoch nur soweit verfolgen, als sie sich nicht in einen direkten Gegensatz zu Washington begibt, durch den sie sowohl Koppelung als auch Einflußnahme auf das westliche Krisenmanagement riskieren würde.

Erst kürzlich zeigte sich dieser eingeschränkte Handlungsspielraum der Bundesrepublik in der Sicherheitspolitik, als Bonn nur zögernd und mit Vorbehalten auf die „doppelte Null-Lösung" einschwenkte, auf die sich Washington und Moskau bei ihren Verhandlungen über nukleare Mittelstreckensysteme geeinigt hatten. Auch ihre Möglichkeiten, eine völlig eigenständige Ostpolitik zu führen, sind gering. Nach der sowjetischen Intervention in Afghanistan am Jahreswechsel 1979/1980 versuchte Bonn zunächst, die These der Teilbarkeit der Entspannung zu propagieren und den Dialog mit Moskau und Ost-Berlin fortzusetzen. Bald zeigte sich jedoch, daß sich auch die Bundesrepublik den von den USA gegen die Sowjetunion verhängten Sanktionen anschließen mußte, wenn sie nicht eine Isolierung im Bündnis riskieren wollte. Mit großem Mißtrauen wurde bei den westlichen Partnern der Versuch von Bundeskanzler Schmidt betrachtet, auf dem Höhepunkt der Krise mit einem Besuch in Moskau sozusagen als „Dolmetscher" den zwischen beiden Weltmächten abgerissenen Gesprächsfaden wieder zu knüpfen.

Die internationale Klimaverschlechterung belastete auch die deutsch-deutschen Beziehungen. Der erste Besuch eines deutschen Bundeskanzlers in der DDR nach Abschluß des Grundlagen-Vertrages brachte daher keine Fortschritte in den innerdeutschen Beziehungen; er zeigte vielmehr, daß sich „keiner der beiden Staaten von der Weltpolitik abkoppeln (kann). Von einer allgemeinen Verschärfung der Weltlage können sie nicht unberührt bleiben".[16] In der Krise wurde erneut sichtbar, in welchem hohen Maße beide deutschen Staaten in ihre jeweiligen Bündnissysteme eingebunden sind, von denen ihre Sicherheit abhängt und deren

16 So SED-Generalsekretär Erich Honecker in einem Interview mit dem Neuen Deutschland am 16.11.1981.

Partner von ihnen Loyalität und Solidarität erwarten. Ihr Handlungsspielraum ließ nur noch eine Politik der Schadensbegrenzung zu.

III.

Im dritten Teil soll umgekehrt die Frage gestellt werden, ob die „offene deutsche Frage“ auch ihrerseits den Handlungsspielraum des Bündnisses einschränkt.

Schon ehe die Bundesrepublik Mitglied der NATO wurde, reichte die deutsche Frage in die Allianz hinein: als Sorge vor einem deutschen Revanchismus, der die Ergebnisse des Zweiten Weltkrieges infrage stellen könnte. Die Partner wollten Sicherheit vor den Deutschen, indem sie Sicherheit für die Deutschen, zumindest die im Westen, in Aussicht stellten.

Zur Bedingung ihres Beitritts mußte die Bundesrepublik, teils aus eigenem Selbstverständnis, teils aus innenpolitischem Zwang, die Unterstützung ihres Standpunktes in der deutschen Frage machen. Zunächst willig, da sich eine derartige Position nahtlos in die vom Westen betriebene Containment-Politik einfügte, dann in der Ära der Détente-Politik zunehmend widerstrebender, entledigte sich das Bündnis dieser Verpflichtung. Zunächst notierten die Partner mit Erleichterung, daß die Bundesrepublik 1969 vom Bremserhäuschen in die Lokomotive des Entspannungszuges umstieg. Bald machte sich jedoch die Sorge breit, daß dieser Zug ungebremst in Richtung Osten fahren und das Bündnis dadurch einer Zerreißprobe ausgesetzt werden könnte. Es zeigte sich jedoch, daß diese Sorge unbegründet war; Bonn respektierte die Signale.

Dennoch wirkt die deutsche Frage weiter in das Bündnis hinein. Als geteiltes Land an der Konfliktlinie zwischen den beiden Blöcken gelegen, mit der „Achillesferse“ West-Berlin, ist die Bundesrepublik naturgemäß stärker als die meisten ihrer Partner an der Politik des politischen Ausgleichs und des militärischen Spannungsabbaus interessiert. Unter der Regierung der Sozial-Liberalen ebenso wie der Konservativ-Liberalen Koalition setzte sie sich in Washington und in den anderen westlichen Hauptstädten mit Nachdruck für die Fortführung des Dialoges mit der Sowjetunion und den anderen Staaten Osteuropas ein. Sie warb stets auch um Verständnis dafür, daß sie das Wohl der 16 Millionen Deutschen in der DDR in wirtschaftlicher wie in sicherheitspolitischer Hinsicht im Auge haben mußte. Es überrascht nicht, daß diese Haltung im Bündnis nicht nur Zustimmung fand.

Ist die Bundesrepublik im Bündnis jedoch ein „Trojanisches Pferd"? Aufgrund ihrer besonderen geographischen und politischen Situation ist es natürlich, daß Bonn in manchen Fällen andere politische Prioritäten setzt als die USA, so z.B. in humanitären Fragen, im Osthandel oder in der Sicherheitspolitik. Auf der Belgrader KSZE-Folgekonferenz kam es zu gravierenden Meinungsverschiedenheiten zwischen Bonn und Washington in der Menschenrechtsfrage. Während die USA diese als politisches Instrument in der ideologischen Auseinandersetzung mit den kommunistischen Staaten benutzen wollten, bemühte sich die Bundesrepublik, durch stille Diplomatie konkrete Erleichterungen zu bewirken. Der Streit über das Erdgas-Röhrenembargo ist noch in unrühmlicher Erinnerung. Bei ihm ging es Washington darum, die Sowjetunion durch Wirtschaftssanktionen strategisch schwächen und damit fühlbar für ihre Intervention in Afghanistan zu bestrafen. In der Sicherheitspolitik wandte sich die Bundesrepublik gegen strategische Vorstellungen der USA, so z.B. „Air/Land Battle 2000", mit dem ein Gegenangriff weit auf gegnerisches Territorium vorgetragen werden sollte. Ein derartiges Konzept würde das Territorium der DDR der vorbedachten Zerstörung aussetzen; es war zudem nicht mit der strikt defensiven Verteidigungsorientierung der Bundesrepublik vereinbar.

Doch stimmt es, daß die Bundesrepublik, wie Peter Bender meint, aus der Sicht der osteuropäischen Staaten, „von der Hauptsorge ... zur Haupthoffnung geworden" (sei)?[17] Hinter dieser Aussage verbirgt sich die Erwartung, Bonn könnte „mäßigend" auf die anderen Partner, insbesondere die USA, einwirken. Ihr Interesse an der Fortsetzung des europäischen Entspannungsdialoges findet seine Grenzen an jener unsichtbaren Schwelle, deren Überschreitung den Zusammenhalt des Bündnisses gefährden und zu einer Abschwächung des europäischen Engagements der USA führen könnte. Auch wenn es aus der Sicht der Bundesrepublik auf mittlere Sicht für die Gewährleistung ihrer Sicherheit keine Alternative zum Schutz durch das Atlantische Bündnis gibt – und hier vor allem durch die von den USA getragene nukleare Abschrekkung – so sollte es doch in ihrem eigenen, wohlverstandenen Interesse liegen, die westeuropäische Zusammenarbeit auf allen Gebieten kontinuierlich zu stärken. Frankreich ist dabei ihr wichtigster Partner. Sie muß dabei jedoch eine ebenso behutsame wie phantasievolle Politik betreiben, wenn sie vermeiden will, daß das Atlantische Bündnis durch

17 So zitiert Peter Bender ein südosteuropäisches ZK-Mitglied in: Das Ende des ideologischen Zeitalters. Die Europäisierung Europas, Berlin 1981, S. 251.

europäisch-amerikanische Spannungen und Konflikte geschwächt wird. Aber eine tragfähige sicherheitspolitische Kooperation in Westeuropa könnte schon bald der Pfeiler sein, an dem die Bundesrepublik ihr Sicherheitsnetz festknoten müßte, falls die Vereinigten Staaten ihr europäisches militärisches Engagement eines Tages reduzieren.

Auch das Berlin-Problem verlangt vom Bündnis, ebenso wie von der Bundesrepublik, vielfältige Rücksichtnahmen. Die NATO-Garantie erstreckt sich auch auf die in West-Berlin stationierten Truppen und sichert die Stadt militärisch ab, obwohl sie kein Teil der Bundesrepublik Deutschland ist. Da West-Berlin gegen einen massiven Angriff jedoch militärisch nicht zu verteidigen ist, kommt der politischen Garantie der Vier Mächte im Berlin-Abkommen von 1971 besondere Bedeutung zu. Voraussetzung dafür ist die Beachtung des sich aus der militärischen Besetzung herleitenden Vier-Mächte-Status der Stadt einschließlich der fortdauernden Besatzungsrechte. Die exponierte sicherheitspolitische Lage zwingt das Bündnis zu einer engen Interpretation des Vier-Mächte-Status, um einen militärischen Konflikt über Berlin zu vermeiden. Die Bundesrepublik möchte ihrerseits dagegen die politischen Verbindungen zwischen dem Bund und Berlin möglichst eng gestalten und Berlin als „Vorposten" der Entspannungspolitik nutzen. Beispiele dafür sind die Passagierscheinabkommen der 60er Jahre, das Transitabkommen in Ausfüllung des Vier-Mächte-Abkommens und erst kürzlich die Sondierungen über einen Besuch des Regierenden Bürgermeisters Diepgen in Ost-Berlin anläßlich der 750-Jahr-Feiern der Stadt. Die dabei von den Alliierten gezeigten Bedenken machen jedoch die Grenzen deutlich, die dieser Politik aus Statusgründen gesetzt sind.

IV.

Abschließend soll der Versuch unternommen werden, einige Entwicklungstrends im Hinblick auf Bündnis und deutsche Frage in eine mittelfristige Zukunft zu verlängern. Zwei Tendenzen lassen sich in diesem Zusammenhang ausmachen: In den USA wächst der Wunsch, die Fesseln der Verantwortung abzustreifen, welche die Rolle als europäische Ordnungsmacht beinhaltet, während in der Bundesrepublik die Suche nach deutscher Identität – oder sollte man sagen: nach der verspielten gesamtdeutschen Zukunft? – an Aktualität gewinnt.

In den USA sind zwei Entwicklungen auszumachen. Im konservativen Lager – so vor allem bei Marineminister Lehmann, aber auch bei

Verteidigungsminister Weinberger – sieht man die USA als eine Weltmacht, die auch über globale Eingreifmöglichkeiten verfügen muß. Diesem Zweck soll die sog. „600 ship navy“ dienen, ferner leicht mobilisier- und verlegbare Eingreifverbände, und zwar auf Kosten der langfristig in Europa stationierten Streitkräfte. Die andere Tendenz nimmt eher im nach den November-Wahlen und dem Iran-Contra-Skandal gestärkten Kongreß ihren Ausgang. Angesichts der enormen Defizite im Haushalt ebenso wie in der Handelsbilanz wird verstärkt die Forderung nach größerer Lastenteilung im Bündnis erhoben: die Europäer, insbesondere die Deutschen werden aufgefordert, mehr für die gemeinsame Verteidigung zu tun; andernfalls wird mit dem Abzug amerikanischer Truppen gedroht. Außerdem verschärft sich die protektionistische Stimmung und macht neue Handelskonflikte wahrscheinlich, die, wenn sie mit politischen Forderungen verbunden werden, das Bündnis nachhaltig belasten dürften.

Ein Beispiel für eine derartige Verknüpfung ist die Aufforderung des damaligen Staatssekretärs Perle, die Bundesrepublik sollte zugunsten einer Erhöhung ihrer Verteidigungsausgaben ihre Kredite an die DDR kürzen.[18] Neben dem Mißverständnis, daß es sich bei den Krediten um private Bankkredite handelte, kam in dieser Äußerung ein tiefsitzendes Mißtrauen zum Ausdruck, daß die Bundesrepublik ihrer Ost- und Deutschland-Politik Vorrang vor der Bündnispolitik geben würde. Dieses dient dann als Vorwand dafür, daß auch die USA ihre Verpflichtungen reduzieren könnten.

Zu diesem Mißtrauen trägt sicher auch die neubelebte Suche nach deutscher und europäischer Identität bei. Sie hat ihren Ursprung nicht zuletzt in krisenhaften Entwicklungen innerhalb der Atlantischen Allianz. Nach Afghanistan und während der Raketendebatte wuchs das Gefühl, daß Westeuropäer und Amerikaner unterschiedliche politische Prioritäten in den Ost-West-Beziehungen ebenso wie in Fragen der Friedenssicherung – und damit auch in der deutschen Frage – verfolgten. In gewisser Weise ist sie daher auch eine Debatte über politische Prioritäten. Sie wird von der nationalen Rechten ebenso wie von linken Intellektuellen thematisiert. Die Besinnung darauf, „Wo Deutschland liegt“[19], ebenso wie die Forderung nach einer „Selbstbehauptung Euro-

18 Vgl. Perle, Kredite für die DDR kürzen, in: Frankfurter Allgemeine Zeitung, 15.12.1986.

19 Günter Gaus, Wo Deutschland liegt. Eine Ortsbestimmung, Hamburg 1983.

pas"[20], muß unsere Nachbarn besonders dann beunruhigen, wenn sie mit dem Anspruch verbunden wird, zugleich mit der Distanzierung von den beiden Weltmächten sollte eine neue europäische Friedensordnung entwickelt werden. Während dadurch die Bindungen der USA an Westeuropa geschwächt werden könnten, werden in Westeuropa diejenigen Kräfte gestärkt, die für eine festere Einbindung der Bundesrepublik in das westliche Bündnis plädieren. Die Haltung Frankreichs während der Stationierungsdebatte in der Bundesrepublik, wie sie in der Rede von Staatspräsident Mitterand vor dem Deutschen Bundestag zum Ausdruck kam, ist dafür beispielhaft.[21] Die Folge beider Entwicklungen dürfte eine fühlbare Einschränkung des politischen Handlungsspielraumes der Bundesrepublik sein.

Im Unterschied zur ersten Nachkriegsperiode ist es nicht in erster Linie die weiter fortwirkende Erinnerung an den Nationalsozialismus, die den Handlungsspielraum der Bundesrepublik einschränkt. Deshalb ist es auch müßig, den Status und die Rolle der Bundesrepublik dadurch aufwerten zu wollen, daß die Nachgeborenen auf „die Gnade der späten Geburt"[22] pochen und einen Schlußstrich unter die Vergangenheitsbewältigung ziehen wollen.

Die Zweifel setzen woanders an: Zum einen werden unsere Partner verunsichert durch das Gerede von einem „deutschen Sonderweg", einer besonderen Verantwortung der Deutschen für Entspannung in Europa und für Sicherheitspartnerschaft zwischen West und Ost, durch die diejenige der Atlantischen Allianz nicht nur ergänzt, sondern auch ersetzt werden soll. Zum anderen beunruhigt sie die Behauptung, die deutsche Frage sei weiterhin völlig offen und eine wie auch immer geartete Wiedervereinigung eines fernen Tages erreichbar. Sie fragen dann besorgt, ob wir wohl bedacht hätten, welche Folgen ein solches wiedervereinigtes Deutschland mit seiner Bevölkerung, seiner Wirtschaftsmacht und nicht zuletzt seinem militärischen Potential auf das Kräftegleichgewicht in Europa haben würde? Eine Wiedervereinigung Deutschlands - oder auch nur ein deutscher Staat, der diese aktiv betreibt, würde ebenso wie der Versuch, die bestehenden Bündnissysteme abzulösen, die Situa-

20 Diese Forderung wird seit etwa 1984 vor allem in der SPD, aber auch von den GRÜNEN erhoben. Vgl. Horst Ehmke, Eine Politik zur Selbstbehauptung Europas. Überlegungen angesichts der Entfremdung zwischen Alter und Neuer Welt, in: Europa-Archiv, Folge 7/1984, S. 195–204.

21 Vgl. die Rede von Staatspräsident François Mitterand am 20.1.1983 vor dem Deutschen Bundestag in Bonn, in: Europa-Archiv, Folge 5/1983, S. D 145–155

tion in Europa nachhaltig destabilisieren. Noch hat daher Heinrich Heines Ausspruch für viele unserer Nachbarn nicht an Aktualität verloren: „Denk' ich an Deutschland in der Nacht, dann bin ich um den Schlaf gebracht."

Auch in der Gegenwart ist der Zusammenhang zwischen Atlantischer Allianz und deutscher Frage weiter wirksam. Das Bündnis eröffnet der Bundesrepublik spezifische Handlungsspielräume und begrenzt diese gleichzeitig. Sie kann mit der Rückendeckung des Bündnisses eine unabhängigere und zugleich überzeugendere Ost- und Deutschland-Politik führen, weil es sie weitgehend von dem Verdacht abschirmt, sie strebe ein „Sonderverhältnis" zur Sowjetunion und den Staaten des Ostens an. Gleichzeitig entaktualisiert es die Lösungsbedürftigkeit der deutschen Frage.

Die „deutsche Frage" konstituiert jedoch eine doppelte Dialektik. Solange die Bundesrepublik nicht auf einen wie auch immer gearteten Sonderweg verzichtet hat – und sei es auch nur, daß sie weiterhin auf die „Offenheit" der deutschen Frage pocht – sind auch alle Überlegungen in Richtung auf eine Neuordnung der bestehenden Bündnisse oder eine „Europäisierung Europas"[23] illusionär. Die Alliierten haben jedoch ein Interesse daran, die deutsche Frage in der Schwebe zu halten: zwar sollen die Deutschen sie möglichst nicht aufwerfen, ihrerseits wollen sie sich aber ihre Mitwirkungsrechte in bezug auf Deutschland als Ganzes und Berlin – und damit ihre Einwirkungsmöglichkeiten auf die Situation in Mitteleuropa – erhalten. Auch würde eine Neuordnung der Allianzbeziehungen allein nicht zur Ablösung der Rechte und Pflichten der Drei Mächte führen. Die Bundesrepublik könnte jedoch dann in eine Situation geraten, in der die daraus resultierenden Beschränkungen ihres Handlungsspielraumes nicht mehr durch ein militärischen Schutz und politischen Beistand gewährendes Bündnis kompensiert würden.

22 Bundeskanzler Kohl in einer Rede vor der Knesset in Israel, in: Bulletin der Bundesregierung, Nr. 13, 2.2.1984, S. 112f.

23 Bender, Das Ende des ideologischen Zeitalters (Anm. 17).

DIE INNERDEUTSCHEN WIRTSCHAFTSBEZIEHUNGEN ALS INTERNATIONALES PROBLEM

Hanns-D. Jacobsen

Vorbemerkung

In der öffentlichen Diskussion ist von Politikern der Bundesrepublik Deutschland immer wieder hervorgehoben worden, daß der innerdeutsche Wirtschaftsverkehr ein Problemfeld sei, das allein die beiden deutschen Staaten anginge. Überdies würde der wirtschaftliche Austausch andere Staaten materiell auch nicht betreffen. – Angesichts der Beteiligung jedoch der Siegermächte an der Formulierung der Grundlagen für die Bedingungen der Wirtschaftsbeziehungen zwischen den Westzonen und der Ostzone noch vor der Gründung der beiden deutschen Staaten im Jahr 1949, angesichts der bedeutenden Stellung, die die Bundesrepublik Deutschland und die Deutsche Demokratische Republik heute in ihren jeweiligen Wirtschaftssystemen einnehmen, und schließlich angesichts der materiellen und politischen Bedeutung, die der innerdeutsche Wirtschaftsverkehr für die Beteiligten hat, sind derartige Behauptungen ernsthaft nicht aufrechtzuerhalten: Vielmehr haben die innerdeutschen Wirtschaftsbeziehungen internationale politische und wirtschaftliche Auswirkungen, sie verändern die regionale und sektorale Außenhandelsstruktur der beiden deutschen Staaten, und sie haben schließlich politische Bedeutung, weil sie das Verhältnis der Bundesrepublik und der DDR zu Drittländern beeinflussen.

In den folgenden Ausführungen sollen zunächst der Sonderstatus der innerdeutschen Wirtschaftsbeziehungen charakterisiert und dann einige wesentliche internationale Problemfelder identifiziert werden. Den Abschluß bildet die Diskussion der politischen Auswirkungen dieser spezifischen Beziehungen auf das Außenverhältnis der beiden deutschen Staaten gegenüber Dritten.

1. Der Status der innerdeutschen Wirtschaftsbeziehungen

Die innerdeutschen Wirtschaftsbeziehungen und insbesondere der innerdeutsche Handel (IDH) unterscheiden sich wirtschaftlich und politisch grundsätzlich von den Außenwirtschaftsbeziehungen, die beide deutsche Staaten mit dem Rest der Welt unterhalten.[1] Nach dem Außenwirtschaftsgesetz der Bundesrepublik vom 28. April 1961 ist der „Waren-, Dienstleistungs-, Kapital-, Zahlungs- und sonstige Wirtschaftsverkehr mit fremden Wirtschaftsgebieten ... grundsätzlich frei" (§ 1 Abs. 1); es sind lediglich einige Beschränkungen aus politischen oder sicherheitspolitischen Gründen vorgesehen. Demgegenüber fällt im innerdeutschen Handel alles unter ein Verbot, was nicht ausdrücklich erlaubt ist; es gilt ein Verbotsprinzip mit Erlaubnisvorbehalt. Der Status der innerdeutschen Wirtschaftsbeziehungen geht auf die Bestimmungen des Potsdamer Abkommens vom 2. August 1945 zurück, wonach die vier Siegermächte übereinkamen, für den Zeitraum der Besetzung Deutschland als „wirtschaftliche Einheit" zu behandeln. Die rechtliche Grundlage für den gesamten Wirtschaftsverkehr in Deutschland ist nach wie vor Besatzungsrecht; er wird abgewickelt im Gebiet der Bundesrepublik Deutschland auf der Basis von alliierten „Devisenbewirtschaftungsgesetzen"[2] und in Berlin (West) durch eine inhaltlich gleiche Verordnung.[3]

1 Hierzu liegt eine umfangreiche Literatur vor. Vgl. u.a. Siegfried Kupper, Der innerdeutsche Handel. Rechtliche Grundlagen, politische und wirtschaftliche Bedeutung, Köln 1972, sowie Claus-Dieter Ehlermann/Siegfried Kupper/Horst Lambrecht/Gerhard Ollig, Handelspartner DDR – Innerdeutsche Wirtschaftsbeziehungen, Baden-Baden 1975. Zu den Anfängen nach dem 2. Weltkrieg vgl. Ernst Hoffmann, Die Zerstörung der deutschen Wirtschaftseinheit. Interzonenhandel und Wiedervereinigung, Hamburg 1964; K. Holbik/H. Myers, Postwar Trade in Divided Germany. The internal and international Issues, Baltimore 1964; Horst Lambrecht, Die Entwicklung des Interzonenhandels von seinen Anfängen bis zur Gegenwart, Sonderheft des Deutschen Instituts für Wirtschaftsforschung (DIW), NF., Nr. 72, Berlin 1965.

2 Militärregierungsgesetz Nr. 53 vom 19. September 1949 für die amerikanische und britische Besatzungszone; Verordnung Nr. 235 vom 18. September 1979 für die französische Besatzungszone. Diese Gesetze sind abgedruckt im Bundesanzeiger Nr. 2 vom 27. September 1949, S. 2.

3 Vgl. Verordnung über Devisenbewirtschaftung und Kontrolle des Güterverkehrs der Kommandanten des amerikanischen, britischen und französischen Sektors von Berlin Nr. 500 vom 15. Juli 1950, in: Verordnungsblatt für Groß-Berlin, Teil I Nr. 47 vom 28. Juli 1950, S. 304ff.

Die noch heute gültigen Grundprinzipien des IDH wurden im Berliner Abkommen vom 20. September 1951[4] festgelegt. In seiner Fassung vom 29. Dezember 1960[5] regelt das Abkommen die Wirtschafts- und Finanzbeziehungen zwischen den beiden Währungsgebieten, d.h. es schließt Berlin ein. Die DDR hat ihrerseits diese besondere Stellung des IDH – wenn auch nur indirekt – durch die Unterzeichnung des Grundlagenvertrages mit der Bundesrepublik Deutschland am 21.12.1972 akzeptiert.[6]

Die wichtigsten Sonderregelungen, die den IDH vom auswärtigen Warenaustausch unterscheiden, sind:[7] Auf aus der DDR bezogene gewerbliche Güter werden keine Zölle erhoben; die DDR-Produzenten werden auf dem bundesdeutschen Markt wettbewerbsmäßig den Anbietern aus Westdeutschland und Berlin (West) bzw. aus den übrigen EG-Ländern gleichgestellt. Bei der Einfuhr landwirtschaftlicher Erzeugnisse aus der DDR werden keine sog. Abschöpfungen erhoben, bei den Lieferungen solcher Produkte in die DDR werden keine sog. Ausfuhrerstattungen gewährt – die DDR ist im Sinne der Gemeinsamen EG-Agrarpolitik eben kein Drittland. Im Rahmen einer besonderen Umsatzsteuerregelung werden Lieferungen aus der DDR steuerlich belastet, Bezieher von Waren aus der DDR haben einen Anspruch auf Kürzung ihrer Umsatzsteuer. Der IDH wird von beiden Zentralbanken mittels einer sog. „Verrechnungseinheit“ (VE) bilateral abgerechnet; eine VE entspricht zwar wertmäßig einer DM, sie besitzt aber außerhalb des IDH keine Kaufkraft. Um den Verrechnungsverkehr praktisch zu erleichtern, wurde ein zinsloser Kredit (Swing) vereinbart. Im IDH werden grund-

4 Vgl. Bundesanzeiger Nr. 186 vom 26. September 1951.

5 Vgl. Beilage zum Bundesanzeiger Nr. 32 vom 15. Februar 1961.

6 Im Zusatzprotokoll zum Grundlagenvertrag heißt es: „Der Handel zwischen der Deutschen Demokratischen Republik und der Bundesrepublik Deutschland wird auf der Grundlage der bestehenden Abkommen entwickelt.“

7 Vgl. hierzu insbesondere Materialien zum Bericht zur Lage der Nation im geteilten Deutschland 1987, Unterrichtung durch die Bundesregierung, Deutscher Bundestag, 11. Wahlperiode, Drucksache 11/11 vom 18.2.1987, S. 625ff.; Horst Lambrecht, Der innerdeutsche Handel – ein Güteraustausch im Spannungsfeld zwischen Politik und Wirtschaft, in: Aus Politik und Zeitgeschichte, Beilage zur Wochenzeitung „Das Parlament“, Nr. B 40/82 vom 9.10.1982, S. 5ff. Ders., Die deutsch-deutschen Wirtschaftsbeziehungen zum Ende der achtziger Jahre, in: Aus Politik und Zeitgeschichte, Beilage zur Wochenzeitung „Das Parlament“, Nr. B 10/89 vom 3. 3. 1989, S. 19ff.; Hanns-D. Jacobsen/Heinrich Machowski, Die Wirtschaftsbeziehungen zwischen beiden deutschen Staaten – Sonderstatus und Bedeutung, in: H.-D. Jacobsen/H. Machowski/D. Sager (Hrsg.), Perspektiven für die Sicherheit und Zusammenarbeit in Europa, Bonn 1988.

sätzlich nur Waren mit Ursprung in beiden Währungsgebieten, d.h. auch unter angemessener Beteiligung der „Wirtschaft Berlins" ausgetauscht; der Weiterverkauf von aus der DDR bezogenen Gütern in übrige EG-Länder ist zwar juristisch erlaubt, praktisch aber bedeutungslos.[8]

Institutionell wird der Sonderstatus des IDH durch die Existenz der Treuhandstelle für den Interzonenhandel, seit 1982 Treuhandstelle für Industrie und Handel (TSI) gesichert: Die TSI hat ihren Sitz in Berlin (West) und führt im Auftrag des Bundeswirtschaftsministeriums mit der DDR Verhandlungen über die Wirtschaftsbeziehungen zur Bundesrepublik einschließlich Berlin (West).

Dieser Sonderstatus hat sowohl für die DDR-Wirtschaft als auch für diejenigen westdeutschen Unternehmen, die sich am IDH beteiligen, bestimmte Vorteile gebracht und damit die Entwicklung und Struktur dieses Warenaustausches (mit-)geprägt. Aus methodischen und statistischen Gründen lassen sich diese Vorteile für alle Beteiligten indes kaum quantifizieren.[9] Einen Beurteilungsrahmen für die Größenordnungen der Vorzüge, die beiden Volkswirtschaften aus dem IDH erwachsen, liefern vielmehr die folgenden Angaben über die gesamtwirtschaftliche Bedeutung dieses Güteraustausches für beide Seiten (Angaben für Mitte der 80er Jahre): Gemessen am gesamten Außenhandel der Bundesrepublik betrug der Anteil des IDH nur 1,5%, gemessen am gesamten Osthandel der Bundesrepublik lag sein Anteil bei 20%; das entsprach weniger als einem halben Prozent des bundesdeutschen Sozialprodukts. Am Außenhandel der DDR war der IDH zur selben Zeit mit etwa 8%

8 Nach Angaben des Wirtschaftsministeriums betrugen die Re-Exporte von DDR-Waren in die EG, bezogen auf die Bezüge der Bundesrepublik im IDH, im Jahr 1985 0,7%; bezogen auf die Exporte der Bundesrepublik in die übrigen EG-Länder waren es gerade 0,02%.

9 Eine Kalkulation der Vorteile für die DDR hat Paul Marer vorgenommen (vgl. P. Marer, Economic Policies and Systems in Eastern Europe and Yugoslavia, in: U.S. Congress, Joint Economic Committee, East European Economies: Slow Growth in the 1980's, Vol. 3, Washington, D. C. 1986, S. 613). Er beziffert den Vorteil, den die DDR über den IDH realisieren kann, auf etwa 12% ihrer jährlichen Bezüge aus der Bundesrepublik bzw. auf etwa 500 Mio. US-Dollar. Der Autor gibt kein Jahr für seine Berechnungen an, aber sogar im Jahr 1982, als die DDR wegen erheblicher wirtschaftlicher Zwänge den IDH (im Vergleich zum übrigen OECD-Handel) ausdehnte, dürfte die Kalkulation zu hoch sein. Marers Berechnung leidet unter dem methodischen Mangel, daß er die Vorteile, die westdeutsche Unternehmen über den IDH genießen, nicht den Vorteilen zugunsten der DDR gegenüberstellt. So entsteht der (falsche) Eindruck, als handele es sich um eine einseitige Bevorteilung der DDR.

beteiligt, am Westhandel des Landes lag sein Anteil bei 30%; die Bedeutung des IDH für die DDR-Wirtschaft war damit deutlich höher. Sie sollte aber auch nicht überschätzt werden: Gemessen am Nationaleinkommen der DDR entsprach der IDH einem Anteil von etwa 3%. Schließlich entfielen auf den Warenaustausch zwischen den beiden deutschen Staaten 4,5% des gesamten Ost-West-Handels.

2. Das politisch-ökonomische Interessengeflecht zwischen beiden deutschen Staaten

a. Die Interessen der Bundesrepublik und der DDR

Die bilateralen Wirtschaftsbeziehungen haben für die beiden deutschen Staaten schon immer eine besondere Rolle gespielt, nicht nur deshalb, weil ihr Status sich von den „normalen" Ost-West-Wirtschaftsbeziehungen unterscheidet, sondern auch, weil sie seit ihrer Entstehung von einem spezifischen Verhältnis zwischen Politik und Ökonomie gekennzeichnet sind. Von seiten der Bundesrepublik Deutschland waren diese Wirtschaftsbeziehungen immer mit politischen Erwartungen *ver*knüpft, zeitweise sogar an die Einhaltung von Bedingungen *ge*knüpft. Das wurde schon Ende der 40er/Anfang der 50er Jahre deutlich, als der Kalte Krieg zwischen Ost und West zu einem annähernden Erliegen der Wirtschaftsbeziehungen zwischen den beiden antagonistischen Blöcken führte, die innerdeutschen Wirtschaftsbeziehungen davon jedoch kaum tangiert waren.

Für die Bundesrepublik, die sich mit der Teilung Deutschlands nicht abfinden wollte, stellten (und stellen immer noch) die innerdeutschen Wirtschaftsbeziehungen eine Klammer für den Zusammenhalt der deutschen Nation dar. Aus westlicher Sicht sollte darüber hinaus nicht nur eine stärkere Einbeziehung der SBZ/DDR in das sozialistische Lager verhindert werden, vielmehr bestand für die Wirtschaftsbeziehungen, so jedenfalls die westliche Sicht nach dem New Yorker Abkommen der vier Mächte vom 4. Mai 1949, das zu einer Beendigung der Berliner Blockade führte, ein Junktim zwischen dem „Interzonenhandel" und der Sicherung des freien Zugangs von und nach Berlin – ein Junktim, dessen Existenz von seiten der DDR (und auch der UdSSR) allerdings immer bestritten wurde.

Der Zugang von und nach Berlin erwies sich zumindest während der ersten beiden Jahrzehnte der Existenz innerdeutscher Wirtschaftsbeziehungen als zentrales Feld der Auseinandersetzungen. Das wurde bereits während und unmittelbar nach der Berliner Blockade 1948/49 deutlich und geriet erneut 1951 zum Problem, als sich das Inkrafttreten des Berliner Abkommens, der vertraglichen Grundlage des „Interzonenhandels“, deshalb verzögerte, weil die DDR sich weigerte, die Sicherung des Güter- und Personenverkehrs von und nach Berlin als wesentlichen Bestandteil des Abkommens anzuerkennen. Auch danach hielt die DDR an einer formellen Ablehnung dieser Bestimmung fest. Als die Bundesrepublik schließlich im Zusammenhang mit der Berlinkrise, die Ende 1958 begann und mit dem Bau der Mauer am 13. August 1961 ihren Höhepunkt fand, am 30. September 1960 das Berliner Abkommen kündigte (der Grund hierfür war das Verlangen der DDR nach Passierscheinen für Westdeutsche beim Besuch von Ostberlin und die Nichtanerkennung von westdeutschen Reisepässen im Besitz von Westberlinern), beschloß sie für die Zeit ab Januar 1961 die Anwendung der sog. Widerrufsklausel, wonach der Handel nur noch unter dem Vorbehalt des jederzeitigen Widerrufs im Falle einer schwerwiegenden politischen Störung des Berlinverkehrs genehmigt werden sollte.

Die Widerrufsklausel wurde jedoch nie angewendet; letztlich befanden sich die UdSSR und die DDR hinsichtlich der Zugangswege von und nach Berlin in einer stärkeren Position, weil zusätzliche Behinderungen des Berlinverkehrs durch die östlichen Staaten und eine mögliche Reduzierung oder gar Einstellung des innerdeutschen Handels durch die Bundesregierung insbesondere der Berliner Wirtschaft erheblichen Schaden zugefügt hätten. Somit gab es auf westlicher Seite zwar den Anspruch eines Junktims, letztlich war es jedoch eine stumpfe Waffe, da die UdSSR und die DDR zu einer Aufhebung der Beschränkungen nicht gezwungen werden konnten und sie über wirksame Gegenmaßnahmen verfügten. Sogar als es während der 60er Jahre immer wieder zu Behinderungen des Berlin-Verkehrs kam und insbesondere durch den Mauerbau am 13. August 1961 eine erhebliche Verschlechterung des Berlin-Status stattfand, lehnte die Bundesregierung – mit Billigung der Alliierten – eine Kündigung des inzwischen am 16. August 1960 neugefaßten (und am 1.1.1961 in Kraft getretenen) Berliner Abkommens oder die Verhängung von wirtschaftlichen Sanktionen ab.

Indirekt wurde dadurch deutlich, daß die Westmächte durchaus ein Interesse an einem Weiterbestehen der den innerdeutschen Wirtschaftsverkehr betreffenden Regelungen haben, da sie dazu beitragen, die Rechte der Siegermächte und somit ihren Zugriff auf die Zukunft des Verhältnisses zwischen den beiden deutschen Staaten zu bestätigen.

Aber auch die Bundesregierung hat in der Folgezeit, also seit den 60er Jahren, immer wieder deutlich gemacht, daß sie die innerdeutschen Wirtschaftsbeziehungen nicht als ein Instrument des Wirtschaftskrieges mit der DDR, sondern als eine Klammer begreift, die zu einem friedlichen Nebeneinander der beiden deutschen Staaten führen kann. Zunehmend betonte sie, daß gute politische Beziehungen zwischen beiden Staaten auch zu einer Verbesserung der wirtschaftlichen Beziehungen beitragen könnten. Die Erfahrungen der 50er und frühen 60er Jahre trugen zu der Einsicht aller bisherigen Bundesregierungen bei, daß Strafmaßnahmen wirtschaftlicher Art gegenüber der DDR die erwünschte Wirkung nicht herbeiführen, sondern eher kontraproduktive Wirkungen haben. Diese Erkenntnis schlug sich zuerst in der „neuen“ Politik der Großen Koalition nieder, die den Handel z.B. durch eine Dynamisierung des Swing zu fördern begann.

Während seitens der Bundesrepublik das politische Interesse im Vordergrund steht, liegt das überwiegende Interesse der DDR darin, die innerdeutschen Wirtschaftsbeziehungen (und damit die teilweise vorteilhaften Konditionen) für die eigene wirtschaftliche Entwicklung zu nutzen. Und sie ist in den 60er und dann insbesondere in den 70er und 80er Jahren bereit gewesen, den wirtschaftlichen Austausch mit der Bundesrepublik zu fördern und ihn als ein stabilisierendes Element im Verhältnis zwischen den beiden deutschen Staaten zu akzeptieren.

Allerdings hat es immer politisch motivierte Grenzen gegeben, wenn die DDR befürchtete, daß die Bundesrepublik Druck auf sie ausübt oder ausüben könnte. Als Reaktion beispielsweise auf die Kündigung des Berliner Abkommens und anderer perzipierter Beeinträchtigungen ihrer Westwirtschaftsbeziehungen startete die DDR zu Beginn der 60er Jahre eine „Störfreimachungskampagne“ und intensivierte gleichzeitig ihre Wirtschaftsbeziehungen zur UdSSR und ihre Anstrengungen zur Verbesserung der „internationalen sozialistischen Arbeitsteilung“ im Rat für gegenseitige Wirtschaftshilfe (RGW). Zu Beginn der 60er Jahre (1962) stieg der Anteil des RGW am Gesamtaußenhandel der DDR auf 74,9% (UdSSR: 48,9%)[10], womit sie sich allerdings noch mehr als zuvor von Entwicklungen im RGW abhängig machte und – wegen der fehlenden Möglichkeit, Engpaßgüter aus der Bundesrepublik zu beziehen – die hohen Wachstumsraten der eigenen Wirtschaft gefährdete. 1962 brach

10 Vgl. Hanns-D. Jacobsen, Strategie und Schwerpunkte der Außenwirtschaftsbeziehungen, in: H.-A. Jacobsen/G. Leptin/U. Scheuner/E. Schulz (Hrsg.), Drei Jahrzehnte Außenpolitik der DDR, München/Wien 1979, S. 279.

die DDR-Regierung diese Initiative zugunsten einer umfassenden außenwirtschaftlichen Diversifizierungspolitik ab, um eventuell auftretende politische Risiken zu streuen. Besonders gegenüber den Wirtschaftsbeziehungen mit der Bundesrepublik blieb jedoch eine große Sensibilität bestehen, weil die DDR in ihnen ein potentielles Druckmittel gegen sich selbst sah und sieht, insbesondere im Hinblick auf den freien Zugang nach Berlin, auf die Regelungen für Besuche von Bürgern der Bundesrepublik und Westberlins in die DDR sowie hinsichtlich der „Offenheit" der deutschen Frage. Dementsprechend bemüht sich die DDR nicht nur, den Umfang der innerdeutschen Wirtschaftsbeziehungen auf das Ausmaß zu begrenzen, das sie aus politischen und wirtschaftlichen Gründen für noch akzeptabel hält, sondern sie versucht auch, andere direkte und indirekte Einwirkungsmöglichkeiten der Bundesrepublik auf Wirtschaft und Gesellschaft so gering wie möglich zu halten.

b. Das politische Element der innerdeutschen Wirtschaftsbeziehungen

Im Zusammenhang mit der Ende der 60er und Anfang der 70er Jahre stattgefundenen internationalen Anerkennung der DDR kam es zu einer generellen Ökonomisierung der DDR-Außenwirtschaftsbeziehungen, weil die DDR nicht mehr in dem Maße wie in den Jahren zuvor ihre außenwirtschaftlichen Beziehungen allgemeinen politischen Erwägungen (insbesondere dem Ziel der internationalen Anerkennung) zu unterwerfen gezwungen war. Hinsichtlich der innerdeutschen Wirtschaftsbeziehungen hat diese Ökonomisierung jedoch nicht stattgefunden: Mit dem Abschluß des „Vertrages über die Grundlagen der Beziehungen zwischen der Bundesrepublik Deutschland und der Demokratischen Republik" wurde nämlich nicht nur der Sonderstatus des IDH von beiden Seiten anerkannt und zugleich in das Vertragswerk der Beziehungen einbezogen. Vielmehr wurden auch vertragliche Grundlagen für vielfältigere, über den reinen Warenaustausch hinausgehende wirtschaftliche Transaktionen geschaffen, deren politische Bedeutung aus Sicht der Bundesregierung darin bestand, das Netz der bilateralen Beziehungen enger zu knüpfen und den Zusammenhalt zwischen beiden deutschen Staaten zu vertiefen. Seither ist nicht nur der IDH sprunghaft gestiegen, sondern auch die sonstigen für die DDR vorteilhaften Wirtschaftsbeziehungen haben sich ausgedehnt. Hierzu gehören:[11]

11 Vgl. Materialien zum Bericht zur Lage der Nation im geteilten Deutschland 1987,

- Zahlungen der DDR aus dem Bundeshaushalt und anderen öffentlichen Haushalten. Diese stehen überwiegend im Zusammenhang mit dem Berlin-Verkehr (Transitpauschale, Verkehrsinvestitionen z.B. für die Autobahn Berlin – Hamburg usw.);
- Waren- und Geldleistungen von privater Seite (über Intershop, Genex usw.)

Die DM-Einnahmen der DDR aus diesen beiden Formen „paraökonomischer" Beziehungen haben sich in den letzten Jahren auf etwa zwei bis zweieinhalb Milliarden DM pro Jahr belaufen.[12]

Eine dritte Form der deutsch-deutschen Wirtschaftsbeziehungen besteht in der Gewährung von

- Finanzkrediten westdeutscher Geschäftsbanken (z.B. im Juli 1983 über 1 Mrd. DM und im Juli 1984 über 950 Mio DM). Als Sicherheit soll die DDR ihre vertraglichen Ansprüche auf Zahlung der Transitpauschale abgetreten haben.

Durch diese ungebundenen Finanzkredite ist die Kreditwürdigkeit der DDR auf den internationalen Finanzmärkten gestärkt worden; die Initiative des bayerischen Ministerpräsidenten Strauß bei der Vergabe dieser Kredite und ihre Gewährung durch westdeutsche Banken sind Ausdruck der Tatsache, daß für die deutschen Staaten ein politisch-psychologischer Gesamtzusammenhang in ihren bilateralen Beziehungen existiert, der wirtschaftliche Leistungen der westlichen und humanitären Maßnahmen der östlichen Seite (z.B. Erhöhung der Ausreisemöglichkeiten für DDR-Bürger; Abbau der Todesautomaten an der deutsch-deutschen Grenze) miteinander verknüpft.

3. Internationale Dimensionen der innerdeutschen Wirtschaftsbeziehungen

a. Die internationale Absicherung des IDH im GATT und im EG-Vertrag

Bereits in den fünfziger Jahren deutete sich an, daß der Sonderstatus des IDH in wirtschaftlicher Hinsicht ein internationaler Störfaktor sein

Unterrichtung durch die Bundesregierung, Deutscher Bundestag, 11. Wahlperiode, Drucksache 11/11 vom 18.2.1987, S. 633.

12 Vgl. A. Volze, Zu den Besonderheiten der innerdeutschen Wirtschaftsbeziehungen im Ost-West-Verhältnis, in: Deutsche Studien 21 (1983), Heft 83, S. 189.

kann. Aus diesem Grunde hat die Bundesrepublik erfolgreich versucht, den Sonderstatus des IDH international abzusichern.[13] Mit der Unterzeichnung des sog. Torquay-Protokolls des General Agreement on Tariffs and Trade (GATT) vom 21.6.1951 wurde sichergestellt, daß die GATT-Mitgliedschaft der Bundesrepublik keine Auswirkungen auf die Bestimmungen des IDH hat und keine Ansprüche aus der Meistbegünstigung (Art. I des GATT) entstehen würden.

Ähnliches geschah im Rahmen des westeuropäischen Integrationsprozesses. Bei Gründung der Europäischen Wirtschaftsgemeinschaft wurde ebenfalls (und zwar in einem „Protokoll über den innerdeutschen Handel und die damit zusammenhängenden Fragen" vom 25.3.1957) vereinbart, daß die Anwendung des EWG-Vertrages keine Änderung des bestehenden Systems des IDH erfordert.[14] Beim Handel der Bundesrepublik mit der DDR können danach keine Zölle und Abschöpfungen erhoben werden wie es im Fall des Handels der DDR mit anderen Mitgliedstaaten der EG der Fall ist. In ihrer Handelspolitik gegenüber der DDR behielten die Bundesregierung (und die vier Mächte) die alleinige Zuständigkeit. Dadurch, daß keine derartigen Zölle und Abschöpfungen erhoben werden, findet eine – allenfalls durch Kontingente

13 Vgl. hierzu Karl-Heinz Groß, Der innerdeutsche Handel aus internationaler Sicht, in: Deutschland Archiv 19 (1986), S. 1075ff.

14 Eine Veränderung des Protokolls dürfte sich als äußerst schwierig erweisen, denn der EG-Ministerrat hat im März 1973 die Weitergeltung des Protokolls über den innerdeutschen Handel ausdrücklich bestätigt und damit auch nach Abschluß des Grundlagenvertrages zwischen der Bundesrepublik und der DDR akzeptiert, daß der Sonderstatus des innerdeutschen Handels der besonderen Lage in Deutschland entspricht. Da das Protokoll integraler Bestandteil des EWG-Vertrages ist, wäre eine Modifikation entsprechend des Art. 236 EWG-Vertrag nur dann möglich, wenn *alle* Mitgliedstaaten (also einschließlich der Bundesrepublik) zustimmen und *alle* Mitgliedstaaten ratifizieren. Eine Beteiligung hieran dürfte für die Bundesregierung aus verfassungsrechtlichen Gründen (Bindungswirkung des Grundgesetzes und des Bundesverfassungsgerichtsurteils vom 31. Juli 1973, in dem es heißt: „Der Handel zwischen der Bundesrepublik Deutschland und der Deutschen Demokratischen Republik auf der Grundlage der bestehenden Abkommen darf im Zuge der Fortentwicklung kein Außenhandel werden; d.h. es darf in diesem Bereich keine Zollgrenze vereinbart werden.") kaum möglich sein. Dennoch zeichnen sich Kräfte ab, die auf eine restriktivere Auslegung des Zusatzprotokolls – beispielsweise durch eine entsprechende Entscheidung des Europäischen Gerichtshofs – abzielen. Vgl. hierzu Olivier Bobville, Der „Innerdeutsche Handel" und die Gemeinschaftspolitik der EG, Dissertation vorgelegt an der juristischen Fakultät der Universität Rennes, 13. Dezember 1986.

beschränkte – eindeutige Begünstigung der DDR, aber auch von westdeutschen Verbrauchern und Unternehmen statt. Hierdurch wiederum haben sich die übrigen EG-Mitglieder benachteiligt gefühlt, weil sie befürchten, gegenüber DDR-Waren auf dem westdeutschen Markt benachteiligt zu sein.

Darüber hinaus ist immer wieder, vor allem von einigen EG-Mitgliedstaaten, beklagt worden, daß der IDH für sie wirtschaftliche Nachteile bewirken würde, indem Waren aus der DDR über die Bundesrepublik in die anderen EG-Mitgliedstaaten gelangen und so zu Marktstörungen führen. Die Bundesregierung habe der Verpflichtung des EG-Protokolles, geeignete Maßnahmen zu treffen, um Schädigungen der Volkswirtschaften der übrigen Mitgliedsländer zu vermeiden, nur unvollkommen entsprochen. Die Bundesregierung hat ihrerseits betont, daß der Sonderstatus zu keinen Nachteilen für die anderen EG-Länder führen würde. So wird beispielsweise auf die fortbestehenden Grenzkontrollen in der EG verwiesen, auf die Existenz von Preisklauseln zur Verhinderung von Dumping, auf Preisüberwachung und Kontingentierungen bei Marktordnungswaren, auf den Grundsatz, daß im innerdeutschen Handel nur Waren innerdeutschen Ursprungs ausgetauscht werden und schließlich darauf, daß die Mehrwertsteuerbegünstigung der Bezüge entfällt, wenn die bezogenen Waren reexportiert werden. Diese Maßnahmen berücksichtigen jedoch nicht, daß es eine Reihe von westdeutschen Exportgütern in die EG-Länder gibt, die Halbwaren oder Rohstoffe mit DDR-Ursprung enthalten. Deren Verwendung führt in der Tat zu Verzerrungen; sie stellen eine potentielle permanente Quelle für die Kritik der EG-Partner an den außenwirtschaftlichen Folgen des IDH dar.

Problematisch wird die Identifizierung und die Kontrolle von DDR-Produkten, wenn innerhalb der EG ab 1992 der Binnenmarkt ausgebaut wird, d.h. die Grenzkontrollen reduziert oder ganz abgeschafft werden sollen. Die Verwirklichung des EG-Binnenmarktes kann deshalb zu einer grundlegenden Neudiskussion des Sonderstatus des IDH führen, weil es dann nicht mehr wie bisher möglich sein wird, zur Vermeidung von Schädigungen der Partnerländer beizutragen, da die Kontrollen zwischen den Mitgliedstaaten entfallen und DDR-Waren über den IDH in die Rest-EG weitergeleitet werden können. EG-Mitglieder, denen der IDH ohnehin seit langem ein Dorn im Auge ist, könnten die entstehenden Schwierigkeiten aufgreifen und seine Legitimation in Frage stellen, indem „Detailfragen über die im EG-Protokoll vorgesehenen Vorkehrungsmaßnahmen zur Absicherung gegen mögliche Störungen aus dem

IDH für die übrigen EG-Partner zum Treibsatz gegen den Sonderstatus benutzt werden könnten"[15]. Die Bundesrepublik wird diese Diskussion sicherlich nicht fördern. Da sie aber aus politischen Gründen dazu neigt, die Aufrechterhaltung des IDH-Status über ihr eventuell entstehende ökonomische Nachteile zu stellen, ist zunächst damit zu rechnen, daß sie eine Freiverkehrsfähigkeit von DDR-Bezügen im EG-Raum durchzusetzen versucht. Angesichts des zu erwartenden Widerstands dürfte sie dann Regelungen anstreben, die die wirtschaftlichen Befürchtungen der anderen EG-Mitglieder ausräumen, indem sie z.B. gegenüber der DDR das Preisprüfungs- und Kontingentierungssystem ausdehnt, innerhalb der Bundesrepublik eine Herkunftsbezeichnungspflicht für DDR-Waren für den Weiterverkauf einführt oder aber, indem sie gegenüber der EG finanzielle Kompensationen anbietet.[16]

Inwieweit der IDH das Verhältnis zwischen der Europäischen Gemeinschaft (EG) und dem Rat für gegenseitige Wirtschaftshilfe (RGW) tangiert, läßt sich Ende 1989 noch nicht absehen. Zwar ist es am 25. Juni 1988 zur Unterzeichnung einer Gemeinsamen Erklärung zwischen den beiden Integrationssystemen in Europa gekommen[17], sie enthält jedoch – sieht man einmal von der Geltungsbereichsklausel (die Erklärung gilt „für die Gebiete, in denen der Vertrag zur Gründung der Europäischen Wirtschaftsgemeinschaft angewendet wird, und nach Maßgabe jenes Vertrages", also auch für Berlin (West)) ab – keine Bestimmungen, die das innerdeutsche Verhältnis betreffen. Die Normalisierung der Beziehungen zwischen EG und RGW hat zunächst keine direkten Auswirkungen auf die innerdeutschen Wirtschaftsbeziehungen. Beide deutsche

15 Vgl. Fritz Homann, Zur Zukunft des innerdeutschen Handels, in: Deutschland Archiv 19 (1986), S. 1089; vgl. auch Ders., Innerdeutscher Handel und EG-Binnenmarkt, in: Deutschland Archiv 22 (1989), S. 301ff.

16 Überdies verfügt jedes Mitgliedsland der EG nach dem Protokoll über den innerdeutschen Handel zum EWG-Vertrag (Abs. 3) über die Möglichkeit, geeignete Maßnahmen zu treffen, „um zu verhindern, daß sich für ihn aus dem Handel eines anderen Mitgliedstaates mit den innerdeutschen Gebieten außerhalb des Geltungsbereichs des Grundgesetzes für die Bundesrepublik Deutschland Schwierigkeiten ergeben". Die Entscheidung, welche die für ihn geeignete Maßnahme ist, trifft der jeweilige Mitgliedstaat autonom. Im Extremfall allerdings könnte das dazu führen, daß wegen derartiger „Schwierigkeiten" nationale Grenzkontrollen beibehalten werden.

17 Der Text der Gemeinsamen Erklärung ist abgedruckt im Anhang des Beitrages von Klaus Schneider, Einige Aspekte der zukünftigen Beziehungen der Europäischen Gemeinschaft mit Osteuropa, in: Jacobsen/Machowski/Sager (Anm. 7), S. 195.

Regierungen haben ihr Interesse erklärt, daß die innerdeutschen Wirtschaftsbeziehungen nicht davon berührt werden dürfen.[18] Wenn nun die bilateralen Verhandlungen zwischen der EG-Kommission auf der einen und einzelnen RGW-Mitgliedern, also auch der DDR, auf der anderen Seite erfolgreich abgeschlossen werden können, dann dürfte sich die politisch-psychologische Belastung, die – wie bereits ausgeführt – für diese Beziehungen von dem Sonderstatus des IDH ausgeht, vermindern. Die Bundesrepublik wird auch hier bestrebt sein, in ein derartiges Abkommen keine Bestimmungen aufzunehmen, die den IDH berühren könnten. Bei bilateralen Verhandlungen der DDR mit der EG-Kommission ist es fraglich, ob die DDR die Vorzüge des IDH so hoch schätzt, daß sie wegen der damit verbundenen öffentlichen Debatte bereit sein wird, den Sonderstatus des IDH noch einmal in einem Abkommen mit der EG festzuschreiben. Für dic DDR wäre es sicherlich vorteilhaft, wenn der IDH so wie bisher weitergeführt und gleichzeitig ein Abkommen mit der EG geschlossen wird, das den breiten Fächer von Handel, Kooperation und Technologietransfer beinhaltet. Da beides gleichzeitig schwierig zu erreichen sein wird, ist es plausibel, daß die DDR unter den RGW-Mitgliedstaaten gegenwärtig zu den Ländern gehört, die sich bei der Formalisierung der Beziehungen zur EG am meisten Zeit lassen.

b. Wirtschaftliche Auswirkungen auf die RGW-Staaten

Der günstige Zugang von DDR-Produkten zu dem westdeutschen Markt kann den Zugang von Produkten aus anderen Ländern, etwa aus den übrigen Mitgliedstaaten des RGW, behindern. Die DDR ist sehr viel eher als Ungarn oder Polen in der Lage, ihre Produkte in die Bundesrepublik zu liefern, weil diese nicht mit Zöllen und Abschöpfungen belastet werden; sie verfügt also über einen Wettbewerbsvorteil auf dem Markt der Bundesrepublik. Zwar gibt es keine Hinweise darauf, ob die DDR – so wie es die Bundesrepublik in der EG getan hat – den Sonderstatus ihres wirtschaftlichen Austausches mit der Bundesrepublik gegenüber den RGW-Partnern abgesichert hat. Die von ihr genossenen wirtschaftlichen Vorteile haben sich aber offenbar als groß genug erwiesen, den ungeliebten Sonderstatus zu akzeptieren und zu verteidigen.

18 Vgl. Europäisches Parlament, Ausschuß für Außenwirtschaftsbeziehungen, Entwurf eines Berichtes über die Beziehungen der Europäischen Gemeinschaft und dem RGW, Teil B: Begründung (Berichterstatter: Herr Seeler) vom 4. August 1986, S. 33.

Überdies profitieren die anderen RGW-Länder – indirekt – auch von dem IDH, und zwar in doppelter Hinsicht. Anfang der 80er Jahre beispielsweise, als neben osteuropäischen Ländern wie Polen und Rumänien auch die DDR mit wirtschaftlichen Schwierigkeiten zu kämpfen hatte, stand ihr mit den innerdeutschen Wirtschaftsbeziehungen ein stabilisierender Puffer zur Verfügung, der das Ausmaß der Krise und somit auch die potentielle wirtschaftliche Belastung für die UdSSR und die anderen Mitglieder des RGW erheblich abmilderte. Die osteuropäischen Länder partizipieren darüber hinaus an diesem wirtschaftlichen Austausch, indem sie von der DDR im IDH bezogene Produkte und Technologien im Rahmen des RGW-Integrationsprozesses für ihre eigene Entwicklung nutzen können. Vor allem dieser Effekt hat das Unbehagen dieser Länder am Sonderstatus des IDH offenbar weitgehend neutralisiert.

c. Sicherheitspolitische Implikationen des innerdeutschen Handels

In den letzten Jahren haben sich insbesondere in den USA die Stimmen gehäuft, die den innerdeutschen Handel als eine der wichtigsten Quellen für den Technologieimport der DDR und somit der östlichen Staaten charakterisiert haben. Dieser Technologietransfer, auch der zwischen der Bundesrepublik und der DDR, beeinträchtige die militärische Sicherheit des Westens.[19] Die westdeutschen Behörden, so wurde gefolgert, hätten dafür zu sorgen, daß ein derartiger Transfer von strategisch relevanten Technologien unterbunden wird und die Regeln des COCOM[20] Anwendung finden.

19 Vgl. zur generellen Problematik der Exportkontrollen aus Sicht der USA u.a. CIA, Soviet Acquisition of Western Technology, in: Hearings Before the Permanent Subcommittee on Investigations of the Committee on Governmental Affairs, U. S. Senate 97th Congr., 2nd Sess., Washington, D. C., April, 1982, sowie CIA, Soviet Acquisition of Militarily Significant Western Technology: An Update, Washington, D. C., September 1985; Department of Defense, The Technology Security Program. A Report to the 99th Congress, 2nd Sess., Washington, D. C. 1986. Nach einem nicht publizierten Bericht der CIA mit dem Titel „Transfer of Strategic Technology to the Soviet Union from West Germany" sollen westdeutsche Firmen „continue to be the main instrument of Soviet bloc diversionary efforts". (Jack Anderson, High-Tech Leaks, in: The Washington Post, 27. Januar 1985, S. C 7).

20 Das „Coordinating Committee on Multilateral Export Controls" (COCOM) ist eine Ende 1949 gegründete Organisation mit Sitz in Paris, der Australien, Japan

Inwieweit derartige Unterstellungen eine reale Basis haben oder das Ergebnis von lediglichen Schätzungen sind, läßt sich nur vermuten. Zur analytischen Behandlung dieses Gegenstandes muß zunächst einmal zwischen den legalen und den illegalen Formen des Technologietransfers unterschieden werden. Hinsichtlich der Exportkontrollen bei Gütern und Technologien aus militärischen Gründen gilt, daß der Handel zwischen den beiden deutschen Staaten wie der „normale" Außenhandel der Bundesrepublik behandelt wird; die COCOM-Kontrollen finden auch im IDH Anwendung. Die Kontrollen im IDH gehen sogar sehr viel weiter als beim Außenhandel der Bundesrepublik mit dem Rest der Welt, da – wie bereits erwähnt – auf der Basis der alliierten Devisenbewirtschaftungsgesetze und dem darauf beruhenden Folgerecht – vorbehaltlich einer Genehmigung – alle Rechtsgeschäfte und Handlungen im Wirtschaftsverkehr mit der DDR verboten sind. Zwar ist inzwischen der überwiegende Teil des Waren- und Dienstleistungsverkehrs mit der DDR allgemein genehmigt, die Lieferung von Embargowaren und die Weitergabe von nicht allgemein zugänglichen Kenntnissen über gewerbliche Schutzrechte, Erfindungen, Herstellungsverfahren und Erfahrungen in bezug auf die Fertigung von Embargowaren müssen jedoch einzeln genehmigt werden. Genehmigungsbehörde ist die für den Sitz des Unternehmens zuständige Landeswirtschaftsbehörde. Das Bundesamt für Wirtschaft (früher: Bundesamt für gewerbliche Wirtschaft) muß jedoch der Genehmigungserteilung zustimmen, wobei gegebenenfalls das Bundeswirtschaftsministerium oder das Auswärtige Amt eingeschaltet werden. Über Anträge von besonderem politischen Gewicht

und alle NATO-Mitgliedstaaten (ohne Island) angehören. Im Rahmen des COCOM werden Listen von Gütern und Technologien erstellt, deren Export in die kommunistisch regierten Staaten verboten ist oder kontrolliert werden soll. Dabei handelt es sich um drei Listen, und zwar (1) um eine Liste für Waffen, Munition und Rüstungsmaterial, (2) um eine Kernenergieliste und (3) um eine Liste für sonstige Waren und Technologien von strategischer Bedeutung. Die COCOM-Liste ist weitgehend identisch mit der Ausfuhrliste der Bundesrepublik Deutschland, die als Anlage AL zur Außenwirtschaftsverordnung veröffentlicht wird. Sie wird nach den jeweiligen COCOM-Verhandlungen aktualisiert und im Bundesanzeiger verkündet. Die jüngste Fassung ist im Bundesanzeiger 47a vom 10.3.1987 als Zusammenfassung der 54. bis 57. Verordnung zur Änderung der Ausfuhrliste abgedruckt. Das COCOM arbeitet auf informeller Basis, seine Beschlüsse müssen einstimmig gefaßt sein, und es wird Vertraulichkeit gewahrt. Vgl. hierzu Gary K. Bertsch (Hrsg.), Controlling East-West Trade and Technology Transfer, Durham/N. C. 1988.

entscheidet die Bundesregierung im Bundessicherheitsrat, bei Exporten von höherer strategischer Bedeutung wird das COCOM befaßt.[21] Damit ist auch für den Bereich des innerdeutschen Handels gewährleistet, daß die COCOM-Vereinbarungen im Genehmigungsverfahren eingehalten werden. Im Jahr 1988 zeichnete sich im Zusammenhang mit der generellen Verbesserung des Ost-West-Klimas auch eine Anpassung der COCOM-Listen an das veränderte politische Umfeld ab; die Lieferung von drei Flugzeugen vom Typ Airbus an die DDR-Fluggesellschaft Interflug kann hierfür als Indikator angesehen werden.[22]

Als problematisch jedoch erweist sich der illegale Technologietransfer. Dieser könne – so amerikanische Vorwürfe – auf vier Ebenen stattfinden: (1) durch eine laxe Handhabung der Exportkontrollen durch den westdeutschen Zoll, die den illegalen Technologietransfer oft lediglich als Kavaliersdelikt betrachte; (2) durch die Aktivitäten von DDR-Scheinfirmen in der Bundesrepublik und in Berlin (West); (3) durch die Möglichkeit der DDR, den Transitverkehr zwischen Berlin (West) und der Bundesrepublik für illegalen Technologietransfer zu nutzen; (4) durch Nutzung der fehlenden Kontrollen westlicher Behörden an der Demarkationslinie zwischen West- und Ostberlin, wodurch der DDR (und anderen östlichen Staaten auch) ein fast ungehinderter Zugang zu westlicher Technologie möglich sei. Naturgemäß gibt es keine verläßlichen Angaben über das Ausmaß des illegalen Transfers, aber die Dunkelziffer dürfte nicht vernachlässigenswert sein. Fast jede Maßnahme jedoch, die das zu ändern beabsichtigt, läuft Gefahr, auch den fragilen Status des IDH oder den von Berlin zu verändern. Das gilt beispielsweise für die Einrichtung westlicher Zollkontrollen an den Übergangsstellen zum östlichen Teil der Stadt, da sie die Fiktion beenden würden, daß West- und Ostberlin eine Einheit darstellen. Angesichts der Tatsache, daß trotz der umfassenden Diskussionen über die Effekte illegalen Technologietransfers bisher entsprechende Gegenmaßnahmen nicht ergriffen worden sind, dürfte die Vermutung gerechtfertigt sein, daß das bisher identifizierte Ausmaß des so stattfindenden illegalen Transfers die Schmerzgrenze (Infragestellung des Status) nicht erreicht hat.

21 Vgl. Michael Waldmann, Die Ausfuhr von Embargowaren, Eschborn (Bundesamt für Wirtschaft) 1987, S. 39.

22 Vgl. Hanns-D. Jacobsen, Die Politik der USA im COCOM, in: H. Haftendorn/J. Schissler (Hrsg.), Rekonstruktion amerikanischer Stärke, Berlin 1988, S. 283ff.

4. Stabilisierung der DDR und Systemkonkurrenz

Aber nicht nur die perzipierten sicherheitspolitischen Risiken der innerdeutschen Wirtschaftsbeziehungen haben zu immer wieder von den USA oder anderen Ländern geäußerten Vorbehalten gegenüber den innerdeutschen Wirtschaftsbeziehungen geführt, vielmehr zeigt sich auch ein grundlegender Unterschied in den politischen Konzeptionen, die etwa die USA bzw. die Bundesrepublik ihren Wirtschaftsbeziehungen zu Staaten des östlichen Lagers und damit auch zur DDR zugrundelegen.[23]

Im Grunde verfolgt die Bundesrepublik bei ihren Wirtschaftsbeziehungen mit der DDR seit den sechziger Jahren eine Strategie der Systemstabilisierung, die zwei Ziele verfolgt: Im Rahmen ihrer Ost- und Deutschlandpolitik sollten die UdSSR und andere östliche Staaten (einschließlich der DDR) zum einen durch die konditionierte Gewährung von wirtschaftlichen Vorteilen dazu bewegt werden, in ihrer Außenpolitik auf aggressive Akte zu verzichten, eine gewisse Öffnung des Systems zuzulassen und Repressionen gegenüber der eigenen Bevölkerung abzubauen. Diese Haltung hat die Bundesrepublik nicht nur besonders gegenüber der DDR vertreten (besonders plastische Beispiele stellen die Großkredite an die DDR 1983 und 1984 dar, deren Gewährung mit der Erwartung humanitärer Zugeständnisse verbunden war), sondern sie ist auch die konzeptionelle Grundlage der KSZE-Schlußakte, in der ein unauflöslicher Zusammenhang zwischen den verschiedenen Körben hergestellt wurde. Durch die Schaffung eines Netzes von wirtschaftlichen und politischen Beziehungen mit der DDR sollte zum zweiten versucht werden, partielle Abhängigkeiten zu schaffen und damit auch das Interesse beider Seiten an einer Aufrechterhaltung bzw. einem Ausbau der bilateralen Beziehungen zu fördern. Dieses funktionalistische Konzept zielte darauf ab, mit dem Ausbau der Wirtschaftsbeziehungen stabilisierende Elemente in die Ost-West-Beziehungen einzufügen, die sich auch auf andere – politische ebenso wie humanitäre – Bereiche auswirken können. Angesichts dieser Ziele wurde die Bundesrepublik wegen ihres Wiedervereinigungsanspruches mit einem grundlegenden Problem konfrontiert: Jeder ernsthafte Versuch der verschiedenen Bundesregierungen, die Beziehungen zur DDR zu verbessern,

23 Vgl. hierzu ausführlicher Hanns-D. Jacobsen, Die Ost-West-Wirtschaftsbeziehungen als deutsch-amerikanisches Problem, Baden-Baden 1986 (Aktuelle Materialien zur internationalen Politik der Stiftung Wissenschaft und Politik, Bd. 5).

konnte von anderen Ländern leicht als Versuch interpretiert werden, die Wiedervereinigung anzustreben und gleichzeitig als ein Schritt, das NATO-Bündnis zu verlassen.[24] Deshalb hat es sich für Regierungen der Bundesrepublik immer als schwierig erwiesen, nachbarschaftliche wirtschaftliche und politische Beziehungen zur DDR zu entwickeln und gleichzeitig die Nachbarn bzw. Bündnispartner davon zu überzeugen, daß sie eine derartige Entwicklung nicht zu fürchten brauchen.

Die Aufrechterhaltung des wirtschaftlichen Sonderverhältnisses zwischen den beiden deutschen Staaten entspricht dem Ziel der Bundesrepublik, die deutsche Frage offenzuhalten. Das Dilemma zwischen dem Anspruch der Wiederherstellung einer politischen und wirtschaftlichen Einheit Deutschlands und der Einbettung der Bundesrepublik ins westliche Bündnis ist nicht nur eine Hauptursache dafür, daß die Bundesrepublik sich gegenüber Sanktionen und zur Führung eines Wirtschaftskrieges gegenüber den kommunistisch regierten Staaten immer äußerst reserviert verhalten hat. Vielmehr stellt dieses Dilemma auch den Hauptgrund dar, gegenüber den östlichen Staaten unter Einschluß der DDR auf der Grundlage der vertraglich und politisch abgesicherten Zugehörigkeit zum westlichen Bündnis, wie sie im Harmel-Bericht von 1967 festgelegt worden ist, eine Politik zu betreiben, die die seit dem Kalten Krieg bestehenden Gegensätze abzubauen geeignet ist und Formen der Zusammenarbeit zuläßt. Auch wenn in der Folgezeit die ökonomischen Aspekte der beiderseitigen Wirtschaftsbeziehungen allmählich an Bedeutung gewannen, so blieben sie doch politischem Kalkül unterworfen. Dieses Kalkül hat sich jedoch modifiziert: Die Wirtschaftsbeziehungen zur DDR werden nicht mehr als Waffe bzw. als Sanktionsinstrumentarium angesehen, sondern als eines der wesentlichen Mittel, die Bindungen zwischen den beiden deutschen Staaten zu verbessern. Die Schwierigkeit besteht darin, daß in dem Maße, wie die Bundesrepublik versucht, den Status zu bewahren und damit die deutsche Frage offenzuhalten, sie gleichzeitig zur wirtschaftlichen und politischen Stabilisierung der DDR beiträgt und ihre internationale Stellung stärkt. Die DDR akzeptiert dieses Sonderverhältnis und die damit verbundene partielle Abhängig-

24 Besonders prononciert hat sich der ehemalige französische Außenminister Michel Jobert geäußert: „The reality is clear: Germany intends to go its own way in *Mitteleuropa* – that is, the way of a reunited German people. It is a people that thinks it can make a deal with the Soviets, relying on the economic strength and current wealth of the Federal Republic, to buy back its unity – in whatever form.“ M. Jobert, Now Comes a German Swing to the East, in: International Herald Tribune, 8. Juli 1987, S. 4.

keit von der Bundesrepublik vor allem aus wirtschaftlichen Gründen, weil die damit erzielbaren Vorteile ihren ökonomischen und auch politischen Handlungsspielraum (beispielsweise gegenüber der Sowjetunion) erweitern. Die durch den Sonderstatus entstandenen wirtschaftlichen Probleme im jeweils eigenen Lager haben sich letztlich als nicht gravierend genug erwiesen, um diesen Status zu verändern, auch wenn die Partner immer wieder Kritik daran geäußert haben. Der EG-Integrationsprozeß (Schaffung des gemeinsamen Binnenmarktes) und die Verhandlungen zwischen der EG und dem RGW bzw. der DDR werden mit großer Wahrscheinlichkeit zu einer erneuten Diskussion dieses Sonderverhältnisses führen. Die Bundesrepublik dürfte entschlossen sein, den Status zu verteidigen, nicht zuletzt weil sie den wirtschaftlichen Austausch mit der DDR als einen wichtigen Hebel bei der Durchsetzung ihrer deutschlandpolitischen Ziele begreift. Für die DDR ihrerseits entsteht das Problem, den Wunsch nach vorteilhaften Wirtschaftsbeziehungen mit der Bundesrepublik mit ihrem ausgeprägten Souveränitätsanspruch in Einklang zu bringen.

Weitere Konfliktpotentiale können im Verhältnis zu den USA entstehen, zum einen wegen des als Gefährdung westlicher Sicherheitsinteressen empfundenen Technologietransfers von der Bundesrepublik in die DDR, zum anderen als Ergebnis der mehr grundsätzlichen Frage, inwieweit eine Stabilisierung der DDR, also eines kommunistisch regierten Staates, durch die innerdeutschen Wirtschaftsbeziehungen akzeptiert werden kann, da dies die Konkurrenz zwischen den Systemen beeinflußt. In dem Maße aber, in dem die USA selbst auf die sowjetischen Angebote zur Entkrampfung des Ost-West-Klimas einzugehen beginnen und versuchen, ihre Beziehungen zu Osteuropa und zur DDR zu verbessern, somit auf eine bewußte Destabilisierung Osteuropas verzichten, dürfte der Sonderstatus der innerdeutschen Wirtschaftsbeziehungen keine zusätzlichen Auseinandersetzungen im Verhältnis zwischen den USA und der Bundesrepublik hervorrufen.

DIE DEUTSCHE FRAGE AUS DER SICHT DES AUSLANDES

Karl E. Birnbaum

Wenn man in bezug auf die hier angesprochene Thematik überhaupt so verallgemeinern kann, daß von der Sicht *des* Auslandes die Rede ist, dann höchstens im Sinne einiger genereller Tendenzen, die die Einstellung der meisten Europäer zu dem Problemkomplex „deutsche Frage" kennzeichnen. So sind jedenfalls die nachstehenden Denkanstöße – um mehr handelt es sich nicht – gemeint. Dabei sollen gemeinsame Elemente in der Sichtweise des „Auslandes" unter drei Aspekten analysiert werden. Es geht *erstens* um die Grundeinstellung zur deutschen Teilung und zur Existenz zweier deutscher Staaten; *zweitens* um die Offenheit der deutschen Frage; und *drittens* schließlich um die Vorstellungen zur Lösung jenes Problemkomplexes, der mit dem Sammelbegriff „deutsche Frage" bezeichnet wird.

1. Die Teilung Deutschlands und die sich aus dieser Tatsache ergebenden Probleme für die Deutschen (und damit – in verschiedenem Ausmaß – für andere Völker und Staaten in und außerhalb Europas) sind der wichtigste gemeinsame Nenner für die Definition der deutschen Frage. Mauer und Stacheldraht waren und bleiben für jeden Menschen, der sie gesehen hat, ein nachdrücklicher Beweis für die Abnormität der Lage in Deutschland und für das, trotz aller Normalisierungsansätze, immer noch so schwierige Verhältnis zwischen den beiden deutschen Staaten. Bestrebungen der Deutschen, diese Lage zu ändern, so daß die Härten der Teilung weniger spürbar und augenfällig werden, finden bei den meisten Europäern und anderen Ausländern, die mit dem Problem irgendwie in Berührung kommen, viel Verständnis und Sympathie. Diese verständnisvolle Einstellung ist als eine natürliche Folge der Tatsache zu betrachten, daß die Teilung Deutschlands den eklatantesten Beweis für eine Spaltung Europas darstellt, die von allen Europäern als unnatürlich empfunden wird, und die für viele, vor allem in dem von der UdSSR dominierten Teil des Kontinents, mehr oder weniger schwere Belastungen mit sich geführt hat.

Viele Völker in Ost und West, vor allem in den Nachbarstaaten, reagieren jedoch sehr aufmerksam und oft mißtrauisch, wenn es um die

Ziele und Konsequenzen deutscher Bemühungen um eine Veränderung der Verhältnisse in Mitteleuropa geht. Die Selbstbestimmung wird zwar praktisch von allen als ein legitimes Anliegen der Deutschen anerkannt, aber damit folgt keineswegs die Akzeptanz eines deutschen Einheitsstaates als dem natürlichen Ziel der Bestrebungen um Selbstbestimmung. Nach den schmerzlichen Erfahrungen mit dem Dritten Reich denken die europäischen Nachbarn der Deutschen und auch die Völker anderer Staaten nicht gerne an ein Viertes Reich. Nach bald 40 Jahren deutscher Zweistaatlichkeit haben sich die meisten Europäer an diesen Zustand nicht nur gewöhnt, sondern würden ihn wohl auch auf Dauer als akzeptabel betrachten, wenn die Inhumanität der deutschen Teilung und die Verletzung der Menschenrechte in der DDR nicht als mindestens potentielle Quelle friedensbedrohender Instabilität empfunden würden. Aus dieser Sicht bezieht sich die deutsche Frage jedenfalls ausschließlich auf das Verhältnis zwischen der Bundesrepublik und der DDR sowie auf die Möglichkeiten der Erweiterung des Freiraums für mehr Selbstbestimmung der Deutschen im Rahmen existierender Staatsgrenzen.

Zwei Merkmale der deutschen Teilung charakterisieren *gleichzeitig* die prinzipielle Sichtweise des Auslandes: sie ist 1. *Konfliktstoff* und ein die Entfaltungsmöglichkeiten von Einzelmenschen und Gemeinwesen – nicht nur in Deutschland – hemmendes *Konfrontationssystem*; und 2. *Sperre* bzw. *Bremsfaktor* gegenüber deutschen machtpolitischen Anwandlungen. Diese Ambivalenz führt oft zu zwiespältigen Reaktionen und Verhaltensweisen bei den europäischen Partnern der Deutschen. Begrüßt werden im allgemeinen solche Schritte seitens der Deutschen, die die Gesamtlage stabilisieren und von denen man erwarten kann, daß sie die Gefahr friedensbedrohender Eruptionen in Mitteleuropa reduzieren. Abmachungen zwischen den beiden deutschen Staaten, die der Entspannung und Friedenssicherung dienen, entsprechen den Eigeninteressen aller europäischen Staaten. Unter diesem Gesichtspunkt ist die überwiegend positive Stellungnahme zur Ost- und Deutschland-Politik der sozial-liberalen Koalition zu Anfang der siebziger Jahre zu sehen, und auch die Erleichterung, als sich nach dem Machtwechsel in Bonn 1982 herausstellte, daß die Regierung Kohl/Genscher entschlossen war, an dieser politischen Linie festzuhalten.

Hellhörig reagieren nicht nur Franzosen und Polen, sondern auch z.B. Dänen und Norweger, wenn führende deutsche Politiker beiderseits der Trennungslinie den Begriff „Verantwortungsgemeinschaft" gebrauchen, wie dies in jüngster Zeit der Fall gewesen ist.

So lange nur von Verantwortungsgemeinschaft für den Frieden gesprochen wird, werden die anderen Europäer keine Einwände erheben. Aber die Wirkung solcher Begriffe muß vor dem Hintergrund einer politischen Gesamtlandschaft gesehen werden, zu der nicht nur auffallende Bemühungen der Regierungen beider deutscher Staaten um gegenseitige Rücksichtnahme gehören, sondern auch der weitere Ausbau von Kontakt und Kooperation zwischen der Bundesrepublik und der DDR. Wenn aber Bestrebungen sichtbar werden, die zu mehr oder weniger berechtigten Erwartungen Anlaß geben, daß es zu einer Potenzierung deutscher Macht – auch wenn es „nur" Wirtschaftsmacht ist – oder gar zu einer Entwicklung in Richtung auf deutsche Einheit kommen mag, dann werden bei den europäischen Partnern der Deutschen in Ost und West ungute Reminiszenzen und Befürchtungen wachgerufen. Egon Bahr hat im Herbst 1984 diese Reaktionen sehr treffend charakterisiert und daraus eine für die zukünftige Entwicklung wichtige politische Schlußfolgerung gezogen. Im Rahmen einer Diskussion über die deutsche Frage sagte er damals u.a.:

> „Ungarn und Bulgaren, Niederländer und Dänen sagen ..., wenn die beiden deutschen Staaten in der Sicherheitsfrage eine gemeinsame Initiative ergreifen würden, das ist was. Jedenfalls viel mehr, als wenn Bulgarien und Ungarn eine solche Initiative ergreifen würden. Das heißt, das ist für die sogar ein Stück Hoffnung unter dem Gesichtspunkt: Wir alle – Europäer – haben unter den deutschen Querelen lange genug gelitten. Wir haben unter den Deutschen gelitten, anschließend haben wir unter den deutschen Querelen gelitten. Aber immer unter den Deutschen. Wenn jetzt die beiden deutschen Staaten zum ersten Mal seit langer Zeit
> a) vernünftig sind
> b) Verantwortungsgemeinschaft für Frieden und Sicherheit oder Entspannung sagen, na Gott sei Dank. Wenn sie darüber hinausgehen und sagen Verantwortungsgemeinschaft für die deutsche Einheit, dann wird exakt das gegenteilige Gefühl mobilisiert. Aus diesem Grunde Reduzierung auf die Sicherheitsfrage..."[1]

1 Lösung der deutschen Frage – wie, wann, mit wem? Dokumentation des Experten-Disputs der Friedrich-Naumann-Stiftung am 19. Oktober 1984 in Königswinter/Margarethenhof, in: Liberale Texte. Deutschland – Europa – Atlantisches Bündnis, Bd. 1, S. 45–46.

Zusammenfassend kann somit festgestellt werden, daß die deutsche Teilung aus der Sicht des Auslandes zwei Seiten hat: einerseits ist sie Quelle friedensbedrohender Spannungen und Konflikte, die auch die Sicherheit der anderen europäischen Staaten beeinträchtigt; andererseits ist sie eine Barriere gegenüber einer weiterhin etwas unheimlichen Dynamik der Deutschen in Ost und West.

2. Ist die deutsche Frage offen? In den offiziellen Verlautbarungen der Sowjetunion und ihrer Verbündeten wird diese Frage meistens mit einem nachdrücklichen „Nein" beantwortet, obwohl die Moskauer Führung immer wieder darauf achtet, daß ihre Sonderrechte in Deutschland und Berlin als eine der vier Siegermächte des zweiten Weltkrieges unangetastet bleiben.Aber auch sonst ist die Einstellung der europäischen Partner und Nachbarn der Deutschen keineswegs eindeutig oder einheitlich. Im westlichen und neutralen Auslande findet man viel Verständnis und Zustimmung für eine Auffassung, die sich vor einiger Zeit in den Worten des Bundespräsidenten Richard von Weizsäcker widerspiegelte, wonach die deutsche Frage solange offen sei wie das Brandenburger Tor geschlossen bleibe. Hier wurde in erster Linie die Inhumanität jener „häßlichsten" Grenze Europas angesprochen, die von so vielen als eine offene Wunde im Leben der weiterhin existierenden deutschen Nation empfunden wird. Wenig Verständnis dagegen gibt es, auch im westlichen Auslande, für die rechtlichen Aspekte dieser Frage und für mit legalistischen Argumenten untermauerte Bestrebungen politischer Kräfte in der Bundesrepublik, die „Offenhaltung" der deutschen Frage als ein wichtiges Ziel der Politik des Westens herauszustellen. In Staaten, die nicht unmittelbar betroffen sind, werden Überlegungen über die Rechte der Siegermächte und Friedensvertragsvorbehalte außerhalb des Kreises von Regierungsbeamten und Spezialisten zumeist als juristische Spitzfindigkeiten ohne größeres aktuelles Interesse abgetan. In den unmittelbar betroffenen Ländern Ostmitteleuropas dagegen führt das Betonen dieser Rechtsposition durch Politiker der Bundesrepublik beinahe ausnahmslos zu Vorwürfen revanchistischer westdeutscher Tendenzen, die auch in den Bevölkerungen dieser Staaten ein gewisses Echo finden, besonders wenn von den Grenzen des Jahres 1937 die Rede ist. Denn mit diesem Konzept wird ein Verständnis der deutschen Frage suggeriert, das über die Beziehungen zwischen den beiden deutschen Staaten hinausgeht. Eine solche Definition der deutschen Frage findet in keinem europäischen Lande Unterstützung.

Eine offene deutsche Frage kann es für die europäischen Nachbarn der Deutschen nur dann geben, wenn sie nicht über die Oder-Neiße hinausreicht. Jede Unklarheit seitens westdeutscher Politiker in diesem Punkt bedeutet eine wesentliche Belastung für die Position der Bundesrepublik im allgemeinen und insbesondere eine Erschwerung der Bemühungen um eine Lösung der deutschen Frage im Rahmen einer europäischen Friedensordnung.

3. Damit sind wir bei den Auffassungen über Schritte und Ziele einer Politik, die zu einer Lösung der deutschen Frage führen können. Zwei Aspekte dieser z.T. recht vagen eigenen Vorstellungen bzw. der Reaktionen auf die Konzeptionen anderer, inklusive der Deutschen selbst, können hier unterschieden werden: 1. Maßnahmen und Abmachungen, die die Teilung Deutschlands und Europas vorerst erträglicher und weniger gefährlich machen und die auf weitere Sicht die Perspektive für eine Relativierung der Spaltung selbst eröffnen; und 2. ordnungspolitische Vorstellungen und Fernziele (bzw. Reaktionen auf solche Vorstellungen), die eine echte Überwindung der Teilung beinhalten.

Die Erleichterung von Kontakt und Kommunikation über die europäische Trennungslinie hinweg entspricht der Politik der kleinen Schritte im bilateralen Rahmen der deutsch-deutschen Beziehungen und der Politik des „dritten Korbes" im multilateralen Rahmen der KSZE. Sie war der konzeptionelle und praktische Ausweg aus dem Dilemma westlicher Ostpolitik in den siebziger Jahren: der Notwendigkeit, den Status quo zu akzeptieren und der gleichzeitigen Bemühungen um seine qualitative Veränderung. Diese Politik wird heute von praktisch allen europäischen Völkern und Staaten – sowie von den Vereinigten Staaten und Kanada – unterstützt, auch wenn die westlichen Erwartungen nicht mehr so hoch gesteckt sind wie früher. Es ist jedoch zu beachten, daß die Akzente in Ost und West auf diesem Gebiet verschieden gesetzt werden und daß die Erweiterung und Intensivierung inter-systemarer Kommunikationsprozesse auch im Westen in erster Linie als Selbstzweck, bzw. als Beitrag zur Friedenssicherung gesehen werden. In bezug auf die mittel- und langfristigen Konsequenzen dieser Prozesse sind die Erwartungen und Zielvorstellungen dagegen unklar und uneinheitlich.[2]

Im Rahmen des KSZE/KVAE Prozesses ist es zu einer gewissen Konvergenz östlicher und westlicher Bemühungen um systemübergreifende Sicherheitsabmachungen gekommen. Dies gilt jedoch nur für diejenigen Vorschläge, die Gesamteuropa vom Atlantik bis zum Ural betreffen, nicht für die vom Osten vorgeschlagenen subregionalen Si-

2 Karl E. Birnbaum, The Politics of East-West Communication, Farnborough 1979, S. 75f.

cherheitsvorkehrungen, die sich spezifisch auf die mitteleuropäische Region und damit auf Deutschland beziehen. Diese Konzeptionen, von den Anregungen der Palme-Kommission für einen mitteleuropäischen Korridor frei von nuklearen Gefechtsfeldwaffen bis zu den von SED und SPD erarbeiteten Vertragsentwürfen für eine chemiewaffenfreie Zone in Mitteleuropa werden bekanntlich recht unterschiedlich beurteilt: positiv in Osteuropa und zumeist auch in Nordeuropa, skeptisch bis ablehnend im Westen. Aber auch von systemübergreifenden Sicherheitsvorkehrungen für Europa als Ganzes, bzw. für das Gebiet der beiden Bündnissysteme, welche mit Zustimmung der Partner der Deutschen im Rahmen von KVAE oder als Folge von Abmachungen über konventionelle Rüstungsbegrenzung zwischen NATO und Warschauer Pakt zustande kommen, kann eine Abschwächung der Konfrontationsstruktur in Mitteleuropa erwartet werden, die sich positiv auf die deutsch-deutschen Beziehungen auswirken würde.

Was schließlich die ordnungspolitischen Vorstellungen und Fernziele betrifft, handelt es sich in erster Linie um Konzeptionen, die ursprünglich französischer – genauer gaullistischer – und westdeutscher Provenienz sind, die aber auch in den Friedensbewegungen der achtziger Jahre nachdrückliche Unterstützung fanden und von ihnen z.T. weiterentwikkelt wurden. Sie werden mit verschiedenen Etiketten versehen: europäische Friedensordnung, Überwindung des Yalta-Systems, Europäisierung Europas und dgl. Wichtigster gemeinsamer Nenner dieser Vorstellungen ist eine Autonomisierung der europäischen Politik gegenüber den Führungsmächten in beiden Militärallianzen und ein entsprechender Abbau des Einflusses der Supermächte zwischen Bug und Atlantik.

Solange solche Zielvorstellungen im Rahmen langfristiger Prozesse verfolgt werden, die die existierenden Bündnissysteme nicht ersetzen, sondern ergänzen und dadurch höchstens relativieren sollen, dürften sie mit Zustimmung in vielen europäischen Ländern rechnen können. Sie fallen dann weitgehend in die Kategorie der oben erwähnten systemübergreifenden Sicherheitsvorkehrungen, von denen sich die meisten Europäer eine Verbesserung ihrer Lage versprechen. Da eine solche Selbstbeschränkung aber dem Charakter ordnungspolitischer Fernziele kaum entspricht, stoßen sie oft auf Widerstand. Vorbehalte gibt es vor allem in West- und Nordeuropa, wenn unter dem Motto z.B. einer europäischen Friedensordnung das Ende der NATO anvisiert wird. Damit werden nämlich zwei latente Bedrohungsvorstellungen der Europäer wachgerufen: 1. die Angst vor einer grundlegenden Veränderung des Kräfteverhältnisses in Europa und damit vor einem sowjetischen

Machtüberhang, sobald die amerikanische Präsenz in Frage gestellt wird; und 2. die Befürchtung, daß die Bundesrepublik bei einem Rückzug Amerikas eine Vormachtstellung in Europa erringen könnte, die durch westeuropäische Integrationsbestrebungen u.U. nur ungenügend gemildert würde. Die Tatsache, daß es sich bei den hier erwähnten Konzepten um Fernziele handelt, kann die von diesen Alpträumen geplagten Europäer kaum beruhigen, da auch Fernziele einen aktuellen politischen Stellenwert besitzen und ihnen eine Gegenwartswirkung somit nicht abzusprechen ist. Wie immer die spezifische Konstruktion aussehen mag, von der man die Überwindung der Teilung Deutschlands und Europas erhofft, so ist sie aus der heutigen Perspektive kaum ohne eine neue Potenzierung deutscher Macht zu denken, bei der so viele Europäer Unbehagen fühlen.

Vielleicht ist daher mit ordnungspolitischen Zielkonzepten, die mit Notwendigkeit die Machtdimension in den Mittelpunkt stellen, der Sache der Deutschen nicht gut gedient. Erfolgversprechender erscheinen jedenfalls aus der Sicht des Auslandes Denkmodelle, die das gegenseitige Interesse der Europäer in Ost und West für einen vielschichtigen Prozeß inter-systemarer Zusammenarbeit auf verschiedenen Sachgebieten betonen, und die diese Interessengemeinschaft im Sinne der KSZE Schlußakte für einen Abbau der Konfrontation zwischen den Systemen – und damit auch zwischen den beiden deutschen Staaten – nutzbar zu machen suchen. Auch durch eine solche Europäisierung der deutschen Frage können sicher keine raschen und spektakulären Erfolge, wohl aber handfeste Fortschritte auf dem Wege zu mehr Gemeinsamkeit erzielt werden.

DIE ROLLE BERLINS IN DER DEUTSCHEN FRAGE

Hansjürgen Schierbaum

Berlin ist seit 1945 mehr Objekt des Handelns anderer als Subjekt eigenen Handelns. Dennoch weiß der Beobachter keinen anderen Platz zu nennen, an dem – nach dem Kern der Dinge gefragt – der Gegenstand der Politik das Verhalten der über ihn Befindenden so weitgehend beeinflußt. Es ist unbestritten, daß die förmliche Rechtslage diesen Sachverhalt oft verdeckt. Alliierte und politische Öffentlichkeit und Verantwortlichkeit in Westberlin und der Bundesrepublik Deutschland begegnen sich aber in dem gesicherten Bewußtsein, daß sie aufeinander angewiesen sind, ihre engere und weitere Funktion nur auf der Grundlage dieses Gegenseitigkeitsverständnisses ausüben können. Politische Situationen verändern sich ständig. Sie erfordern deshalb hier auch eine ständige Anpassung des gegenseitigen Verständnisses der politischen Lage. Dieser Prozeß verläuft nicht ohne Spannungen. Es würde jedoch zur Unbeweglichkeit verdammen, wollte man den damit verbundenen Disput nach innen und außen vermeiden. Beständigkeit und Wechsel kennzeichnen seit über vierzig Jahren die Rolle Berlins in der deutschen Frage und auch darüber hinaus.

Als die Siegermächte 1945 Deutschland besetzten, kamen sie nicht in der Absicht, die Deutschen zu befreien, sondern mit dem Willen, den Unruheherd, von dem sie bedroht wurden, zu beseitigen. Alle Anstrengungen konzentrierten sich auf dieses Ziel und darauf, den erreichten Zustand machtmäßig zu erhalten. Je weiter die Niederlage Deutschlands noch entfernt war, desto mehr spielte bei den Beratungen die Frage der Staatsform des zu besiegenden Landes noch eine Rolle. Je näher der Sieg kam, desto mehr verschwand dieses Thema aus den Erörterungen, wenn auch nicht aus den letzten Intentionen aller Handelnden. Der Augenblick des Sieges ist in der Geschichte der neuesten Zeit nicht stets auch ein Moment des Weitblicks. Er konnte es angesichts des Charakters der Anti-Hitler-Koalition als eines durch die Umstände der deutschen Aggression zustandegekommenen Instrumentes auch gar nicht sein. So retouchierten Wille und Zwang zum Sieg die Schärfe der Probleme. Sie stellten sich in ihrem ganzen Ausmaß nach Kriegsende umso rascher, als erkannt werden mußte, daß die nicht nur divergierenden, sondern zunehmend gegensätzlichen Interessen der Siegermächte in dem in Potsdam vereinbarten und auf Konsens angelegten Besatzungsregime Deutschland unregierbar machten. Hier beginnt und ist die Metamorphose der deutschlandpolitischen Positionen begründet. Auch wenn von heute aus betrachtet ihre Ausschläge auf der politischen Skala früher größer erscheinen, es kann kein Zweifel bestehen, daß der Prozeß anhält.

Er beeinflußte und bestimmte von Anfang an auch die Entwicklung der politischen Positionen *in* Deutschland und hier wiederum in Berlin mit seiner vielfach besonderen Lage. Es kann aber nicht außer acht bleiben, daß die von außen kommenden Richtungsentwicklungen keinesfalls stets der Lagebeurteilung in Berlin entsprachen. Das gilt sowohl im Verhältnis zu den Alliierten als auch im Verhältnis zur Bundesregierung. Die Kongruenz der Auffassungen über das Notwendige spiegelt nicht immer die Kongruenz der Auffassungen über das Mögliche. Geschichte ist Bewegung. Dem Ergebnis politischen Handelns haftet Unwägbares an. Es ist zumeist schon schwierig, Vergangenes zu beschreiben und zu deuten. Die Zukunft entzieht sich dieser Art von Betrachtung vollständig. Wen wundert es, daß die Analyse der Bedingungen an politischen Brennpunkten mit komplizierten Strukturen wechselseitig bei den Beteiligten die Neigung zu einer statischen Politik fördert? Ihr Kennzeichen ist das Bemühen, nichts zu tun oder alles zu tun, damit nichts geschieht. Das verkennt indes die Kraft der Umstände. Es mindert in einem schleichenden Prozeß die eigene Position. Die Kraft der Umstände, die einseitig nicht bestimmbar sind, erfordert vielmehr eine verläßliche Beständigkeit im Wandel. Ihr Kennzeichen ist die Bereitschaft zum politischen Gespräch mit der jeweils anderen Seite auf der Grundlage von zwei gleichgewichtigen Voraussetzungen: dem Festhalten an existentiellen Prinzipien und der realistischen Einschätzung der Möglichkeiten aller Beteiligten. In Berlin – in und für beide Teile der Stadt – hat sich die Einsicht in die Notwendigkeit des politischen Gesprächs und seiner Ausweitung unter den gegebenen Umständen sehr langsam vollzogen. Man mag das bedauern, denn zumindest einige mögliche Lösungen drohten und drohen im Problemstau zu versteinern. Geduld ist eine politische Tugend. Die Hoffnung auf die Lösung politischer Probleme allein durch den Zeitablauf erweist sich früher oder später so gut wie regelmäßig als Illusion. Entscheidender als die Verzögerung ist deshalb die Tatsache, daß die Ausweitung des politischen Gesprächs zwischen den Beteiligten in Berlin behutsam begonnen hat und sich – so steht zu hoffen – weiter vollzieht.

Die Berlinfrage ist von ihrer Entstehung, von ihrer Auswirkung und ihrer Bedeutung Teil der Deutschen Frage. Betrachtet man die Entwicklung, die sich in Deutschland seit 1945 vollzogen hat, wird deutlich, daß sich das, was man vereinfachend die Deutsche Frage nennt, in den verschiedenen Phasen unserer jüngsten Geschichte sehr unterschiedlich, ja, von einem etwas entfernteren Blickpunkt gesehen, widersprüchlich erscheinend gestellt hat. Es müßte oberflächlich urteilen heißen, würde man das Maß an Realitätssinn als für die Definition des Begriffes „Deutsche Frage“ ausschlaggebend ausmachen wollen. Die Realitäten selbst veränderten sich vielmehr im Europa der Nachkriegszeit schnell und nachhaltig. Dem Wechsel der Rahmenbedingungen paßte sich die politische Definition der Deutschen Frage in der deutschen Politik zwangsläufig an. Man mag demgegenüber einwenden, daß diese Beschreibung am Utopischen, das der Deutschen Frage in den öffentlichen Zielvorstellungen der deutschen Politik über viele Jahre eigen gewesen sei, hinweggeht. Das ist indes nicht der Fall. Deutschland lag bis zum Beginn der siebziger Jahre in einem Felde hoher Spannungsintensität zwischen Ost und West mit dementsprechend geringen Möglichkeiten zur Lösung praktischer Fragen, die sich aus der Teilung des Landes ergaben. Umso mehr entfernten sich auch die Zielbeschreibungen der Deutschen Frage aus der harten Realität der Gegenwart in die Höhen des Grundsätzlichen, aber tatsächlich weit Entfernten und nicht Erreichbaren. Bei aller Anerkennung der durch die Gegebenheiten erzwungenen Möglichkeiten, die nationalen Ziele im Prozeß der Westintegration der entstandenen Bundesrepublik festzuschreiben, kommt man nicht umhin, ihre gleichzeitige Wirkungslosigkeit für das Leben der in zwei Staaten getrennt lebenden Deutschen festzustellen. Erst die beginnenden Entspannungsbemühungen zwischen den Großmächten boten eine Chance, die Zielsetzungen in der Deutschen Frage aus den Höhen des Unerreichbaren auf den Boden faßbarer und meßbarer Wirklichkeit zu holen. Die Beständigkeit der Deutschlandpolitik und ihrer Erfolge hat seither die Konturen der Zusammengehörigkeit, die zu verblassen drohten, wieder deutlicher werden lassen. Ohne sie sind auch verbriefte Ansprüche und festgeschriebene Rechte auf die Dauer zur Unwirksamkeit verurteilt, während die Verbindung mit praktischen Schritten ihnen Leben verleiht. Die Umgewichtung der Prioritäten findet ihren sinnfälligen Niederschlag nicht zuletzt im Prinzip des gegenseitigen Interessenausgleichs zwischen den beiden deutschen Staaten. Gemeinsames Interesse an der Regelung bestimmter Gegenstände oder Ausgleich von Interessen des einen Staates an einem Gegenstand mit Interessen des anderen Staates an einem gleichwertigen anderen bedeutet dabei keinesfalls, daß auch die Leitmotive stets identisch sein müssen, wenngleich sie es, was zum Beispiel die Friedenserhaltung angeht, partiell sind, wobei Menschenrechtsfragen das Gegenbeispiel darstellen. Die Präambel zum Vertrag über die Grundlagen der Beziehungen weist ausdrücklich auf die „unterschiedlichen Auffassungen der Bundesrepublik Deutschland und der Deutschen Demokratischen Republik in grundsätzlichen Fragen, darunter zur nationalen Frage" hin, betont aber ungeachtet dessen die Bereitschaft zur Zusammenarbeit zum Wohle der Menschen. Damit ist die Existenz der deutschen Frage unbestritten, wenn auch die eine Seite sie als beantwortet und die andere als unbeantwortet ansieht. Das gesteigerte Interesse, das die deutsche Problematik in der internationalen Politik findet, spricht zudem eine eigene Sprache. Das Bekenntnis zur Dienstbarkeit für den Frieden und – was die Bundesrepublik Deutschland angeht – für die Einigung Europas ist in der unverwechselbaren Position der Deutschen in Europa Begrenzung und Chance zugleich. Manche Diskussionen verleiten allerdings demgegenüber zu dem Eindruck, als hielten ihre Teilnehmer für die Deutsche Frage, was sie gegenwärtig und auf absehbare Zeit unter den gegebenen Umständen nicht ist und sein kann, und das nicht oder weniger für die Deutsche Frage, was sie heute und morgen substantiell ausmacht und ausmachen kann.

Friedrich Meinecke hat 1945 mit seiner Bemerkung über Europa im Spannungsfeld der nun endgültig etablierten Flügelmächte als Tatsache registriert, was Alexis de Toqueville ein Jahrhundert früher ahnungsvoll erwartete. Heute ist die Teilung Europas das Moment der Balance zwischen Ost und West, wie jeder Gleichgewichtszustand nur behutsame Bewegungen auf jeder Seite zulassend. Die Teilung Europas verdichtet sich in Deutschland, die Teilung Deutschlands in Berlin, das jüngst in einer verdienstvollen Darstellung als „die Mitte der Mitte" bezeichnet wurde. Mit der Annäherung an die Mitte nimmt auch die Einbindung der deutschen Interessen in die Politik der Großmächte von den Vorbehaltsrechten bis zu Souveränitätsfrage zu. Vergleicht man aber die heutige Situation mit den Intentionen der Siegermächte von 1945, erkennt man erhebliche Seitenverkehrungen.

Die Besetzung und Regierung Berlins durch die Vier Mächte hatte die Funktion, die soweit als möglich gedachte einvernehmliche Ausübung der obersten Gewalt *über* die Deutschen in den vier Besatzungszonen zu ermöglichen. Heute wird der Viermächtestatus durch die Beherrschung des Gleichgewichts der Gegensätze zwischen den Westmächten und der Sowjetunion *mit* den Deutschen auf beiden Seiten gekennzeichnet. Stationen zu dieser Entwicklung sind die Berlinblockade 1948/1949, die folgenden Berlinkrisen von 1958 und 1961, letztere mit dem Bau der Mauer, sowie 1968 mit der Einführung der Paß- und Visumpflicht für Reisen zwischen Westberlin und dem Bundesgebiet und schließlich das Viermächteabkommen von 1972, das bereits rechtskräftige Vereinbarungen zwischen den beiden deutschen Staaten sowie zwischen dem Senat von Berlin und der Regierung der DDR enthält und ohne diese schwerlich so zustandegekommen wäre. Jede Veränderung im Verhältnis zwischen den Westmächten und der Sowjetunion hatte unmittelbare Auswirkungen auf die Situation im Westen und Osten Deutschlands. 1949 entstehen die beiden deutschen Staaten. 1958 fallen letzte noch bestehende Grenzen der auch militärischen Einbeziehung in die jeweiligen Bündnisse. Von 1958 bis 1961 zeigen sich aber auch zwischen Washington und Bonn erste Differenzen in der bisher weitgehend identischen Wiedervereinigungspolitik. Spätestens in der zweiten Hälfte der sechziger Jahre verstärkt sich die Tendenz, in Abrüstungs- und Rüstungskontrollplänen Sicherheitsfragen über die Lösung der Deutschen Frage zu setzen. Im Osten hatte die Deutsche Frage spätestens seit 1961 ihre Funktion als Gegenstand der Konfrontation an das Ziel der Anerkennung und Verfestigung des bestehenden Zustands verloren. Das Viermächteabkommen von 1972 schaffte schließlich die Voraussetzungen für Änderungen im Verhältnis zwischen den beiden deutschen Staaten. Im Gesamtzusammenhang sollte nicht übersehen werden, daß die Schlußakte des Viermächteabkommens erst nach der Ratifizierung der Moskauer und Warschauer Verträge stattfand, in denen die Bundesregierung nicht nur ihr Verhältnis zu diesen Staaten regelte, sondern im Zusammenhang der Moskauer Verhandlungen auch Vordispositionen für die Regelung ihres Verhältnisses zur Deutschen Demokratischen Republik traf. Für den ganzen Zeitraum von 1945 bis heute gilt, daß so gut wie alle Entwicklungen mit Berlin verknüpft sind. In der einen oder anderen Weise gingen die auslösenden Anstöße von der besonders empfindlichen Berliner Situation aus, in der die übergeordneten Interessen der großen Mächte miteinander verknüpft und verknotet sind.

Damit ist aber eine ganz wesentliche Komponente, die nur den Westen betrifft, noch nicht erfaßt. Ich meine das während der Blockade entstandene neue psychische Verhältnis zwischen den westlichen Alliierten und Westberlinern mit der ausstrahlenden Wirkung neuer Verhaltensmuster im gegenseitigen Verständnis. Der Wandel von der Besatzungsmacht zur Schutzmacht auf der einen Seite, der Wandel vom Besiegten bis zum schließlich Verbündeten auf der anderen Seite begann in Berlin. Er hatte zwar auch hier rechtliche und politische Wirkungen, hier hielten sie sich allerdings eher in Grenzen, wirkte aber vor allem zugunsten der Entstehung der Bundesrepublik und der Rolle, die sie alsbald im Westen spielen konnte. Daß die rasch wachsende materielle Kraft der Bundesrepublik, sozusagen im Rückkopplungseffekt, auch Westberlin zugute kam und der Vertrag über die Beziehungen zwischen der Bundesrepublik und den Drei Mächten dafür eigens Bestimmungen traf, die der Bundesregierung im Gegenzug ein Konsultationsrecht in Fragen der alliierten Berlinpolitik einräumten, kennzeichnet einerseits den raschen und grundsätzlichen Wandel, der eintrat und der auch im Viermächteabkommen gegenüber der Sowjetunion mehr oder weniger festgeschrieben werden konnte. Andererseits steht die Einbeziehung Berlins unter dem Vorbehalt von beträchtlichen alliierten Einschränkungen, die sich gleichermaßen im Viermächteabkommen finden. Sie sind eine Konsequenz der Verknüpfung internationaler Interessen in Berlin, deren Wahrung Grundlage für die Sicherheit der Westsektoren ist. Beides verhält sich wie in kommunizierenden Röhren. Insgesamt trägt die gefundene Balance von Widersprüchen. Das Gleichgewicht von Vorteilen und Nachteilen blieb seit 1972 relativ stabil.

Östliche Erwartungen, daß sich in Westdeutschland bei einer beruhigten Lage Berlins Tendenzen bemerkbar machen würden, die beträchtlichen finanziellen Leistungen für den westlichen Teil der Stadt einzuschränken oder sich ihrer gar auf längere Frist zu entledigen und damit auch die Anwesenheit der Drei Mächte materiell zu untergraben, trogen vollständig. Die Übereinstimmung über die Nützlichkeit, in Berlin den Einfluß auf die Entwicklung in beiden Teilen Deutschlands aufrechtzuerhalten sowie ein verläßliches Instrument für die Indizierung praktischen Verhaltens im Rahmen der gegenseitig respektierten Machtinteressen und Einflußbereiche zu haben, blieb ungeschmälert. Zu dem damit verbundenen Gleichgewicht der Widersprüche gehört zum Beispiel, daß die Existenz von Botschaften der Drei Mächte in Ostberlin dem westlichen Rechtsstandpunkt kaum entspricht, wonach Ostberlin nicht zur DDR gehört, aber die Anwesenheit von Botschaften der Vereinigten Staaten, Großbritanniens und Frankreichs von der Sowjetunion noch niemals als Argument zur Abwehr des westlichen Standpunktes über den Viermächtestatus der ganzen Stadt benutzt wurde. Der Zustand mag fragil sein, aber die entsprechende Vorsicht im Umgang miteinander hat nichtsdestoweniger Stabilität erzeugt. Sie hat auch abrupte Unterbrechungen in der auf Entspannung der Konfrontation gerichteten Politik zwischen Moskau und Washington überstanden.

Auf eine möglichst stetige Entspannung der Beziehungen drängen die Interessen der beiden deutschen Staaten. Im großen und ganzen kann man von einem stillschweigenden Konsens ausgehen, daß

1. der Versuch einer Veränderung der Lage in für Berlin essentiellen Fragen die großen Mächte auf den Plan ruft, wobei die deutschen Regierungen in die Lage geraten, mehr oder weniger ostentativ in ihre Schranken verwiesen zu werden;
2. beide deutschen Staaten den ohnedies mühseligen Prozeß des wechselseitigen Arrangements möglichst wenigen Störungen durch die Vormächte aussetzen möchten.

Es bleibt somit für die unmittelbare Zukunft keine existentielle Bedrohung der Lage Westberlins zu erwarten. Auch unterhalb dieser Schwelle liegt aber immer noch ein besorgniserregendes Konfliktpotential gegensätzlicher Interessen. Es wird allerdings zum Teil durch innere Widersprüche gemildert. Die DDR möchte zum Beispiel unverkennbar auf längere Frist ihre Beziehungen zu Westberlin entsprechend ihrer Idealthese von der „besonderen politischen Einheit Westberlin" gestalten, unter anderem verbunden mit einer Art von ständiger Repräsentanz im Westen der Stadt. Sie ist sich aber des Widerspruchs bewußt, daß Schritte dieser Art und in diese Richtung die Rechtslage untergraben, auf deren Basis zwischen der Bundesrepublik Deutschland und der DDR finanzielle Leistungen des Westens an Ostberlin, zum Beispiel für Dienste im Verkehr zwischen Westberlin und dem Bundesgebiet vereinbart wurden. Die hier infrage stehenden Summen sind für die DDR erheblich. Ähnliche, sich praktisch blockierende Intentionen lassen sich in vielen Feldern und Variationen von Berlinfragen erkennen. Ein außerordentlich großer Teil des Volumens innerdeutscher Beziehungen hat bekanntlich in der einen oder anderen Weise mit Westberlin zu tun. Auf der anderen Seite ist demgegenüber das Ziel der Bundesregierung evident, den im Viermächteabkommen festgeschriebenen Anspruch auf außenpolitische Vertretung Westberlins wie überall in der Welt auch in den unmittelbaren Beziehungen zur Deutschen Demokratischen Republik zur vollen Anwendung zu bringen. Das funktioniert angesichts der strittigen Staatsbürgerschaftsfrage und vor dem Hintergrund der im Viermächteabkommen enthaltenen Institution des „permanent resident" von Westberlin nur notdürftig. Ähnliche Schwierigkeiten bereitet die Erstreckung von innerdeutschen Vereinbarungen auf Westberlin. Das gilt auch für die Beziehungen zur Sowjetunion und eine Reihe von anderen Staaten des Warschauer Paktsystems, wenngleich zuweilen mit überraschenden Unterschieden und Abweichungen. Die sogenannte Frank-

Falin-Formel, wonach Verträge in Übereinstimmung mit dem Viermächteabkommen auf Westberlin angewendet werden können, besagt zwar etwas im Prinzip, aber nichts über die Praxis, wenn im gegebenen Anwendungsfall dessen Übereinstimmung mit dem Viermächteabkommen östlicherseits bestritten wird. Dennoch sind bisher letztlich nur wenige Vereinbarungen an dieser Hürde gescheitert, wenn auch, wie das Kulturabkommen, über Jahre verzögert worden. Im Laufe der Zeit haben sich jedoch Formeln und praktische Verfahren herausgebildet, die so gut wie allen Vorbehalten Rechnung tragen, welche von einer Seite oder der anderen gehegt werden. Innerdeutsche Vertragswerke sind deshalb mit ihrer komplizierten Struktur keine gerade einfache Lektüre.

Es bleibt aber ein Bestand an originär Berliner Problemen, für die unmittelbar nur zwischen den beiden Teilen der Stadt Lösungen gefunden werden können. Nachdem das Viermächteabkommen für bestimmte Fragen dieser Art Verhandlungen zwischen der Regierung der DDR und dem Senat mit Erfolg eingeführt hatte, versagt die alte westberliner Methode, durch Delegation des Verhandlungsmandats an Stellen, deren Tätigwerden gegenüber der Regierung der DDR die offiziellen Rechtsauffassungen des Senats über die Zugehörigkeit Ostberlins zur DDR und das Verhältnis Westberlins zur Bundesrepublik unberührt ließen, so gut wie vollständig. Zu den verhandlungsfähigen Fragen zwischen Senat und Regierung der DDR gehören nach dem Viermächteabkommen der Reiseverkehr und der Gebietsaustausch; diese werden ausdrücklich aufgezählt. Das Feld der lösungsbedürftigen Probleme reicht aber weiter, zumal zwischen der Bundesrepublik und der Deutschen Demokratischen Republik für Fragen Lösungen gefunden werden konnten, deren Regelung zwischen beiden Teilen der Stadt verstellt blieben. Es nimmt deshalb nicht Wunder, daß nicht nur in der öffentlichen Meinung je länger desto mehr die Frage gestellt wurde, wie dies mit der Lebensfähigkeit Westberlins und der Funktionstüchtigkeit des Viermächtestatus auf die Dauer zu vereinbaren sein würde. Sie stand und steht in einem Gegensatz zu der bei den Drei Mächten, der Bundesregierung und dem Senat vorhandenen Besorgnis, mit Ausnahme des Reiseverkehrs, des Gebietsaustausches und einigen Fragen des Ausbaus von Anlagen der Binnenschiffahrt und der Eisenbahn, kein unmittelbares Verhältnis zwischen der Regierung der DDR und dem Senat von Berlin entstehen zu lassen. Der dadurch erzeugte Problemstau geriet zunehmend in einen Widerspruch zu den Erleichterungen, die im Verhältnis zwischen der Bundesrepublik Deutschland und der Deutschen Demokratischen Republik um Berlin herum zu finden waren. Er beschwerte die Position und

Glaubwürdigkeit der Schutzmächte ebenso wie der Bundesregierung und des Senats. Wenn auch die nach dem Viermächteabkommen gemachte Feststellung, Berlin sei nun eine ganz normale Stadt wie andere auch, weder damals noch heute oder in absehbarer Zeit zutreffend ist, ist doch die Berechtigung des darin zum Ausdruck kommenden Wunsches, Lösungsbedürftiges lösbar zu machen, im Kontext der Gesamtentwicklung und der Funktionsfähigkeit des Viermächtestatus konsequent. Notleidend sind manche Probleme dieser Art, weil sie von den Alliierten, die nur mit der Sowjetunion sprechen, nicht geklärt werden können, denn sowjetischerseits wird regelmäßig auf die Zuständigkeit der DDR verwiesen, mit der die Alliierten in ihrer Funktion als Schutzmächte aber nicht verhandeln. Versucht die Bundesregierung eine Lösung dieser mehr innerstädtischen Probleme, stößt sie bei der DDR auf das Argument der Anlage II, Absatz 1 des Viermächteabkommens, demzufolge die Westsektoren Berlins kein konstitutiver Bestandteil der Bundesrepublik Deutschland sind und von ihr nicht regiert werden. Alliierte und Bundesregierung tun sich aber auch schwer, einer Lösung innerstädtischer Probleme zwischen Senat und der Regierung der DDR zuzustimmen, es sei denn, sie erfolge im kommunalen Rahmen zwischen den Stadtverwaltungen von Ostberlin und des Westteils des Stadt, ein Verfahren, dem sich die DDR grundsätzlich verweigert. Soweit diese Haltung heute noch eingenommen wird, muß sie dem Verdikt unterliegen, zur Bewegungslosigkeit zu verdammen und auf die Lösung der Probleme durch Zeitablauf zu warten: Vorschläge der anderen Seite werden abgelehnt, eigene Vorschläge und Kontakte vermieden. Was lösungsbedürftig ist, müßte bei Fortsetzung dieser Linie lösungsbedürftig bleiben. Die Erfahrung, daß die DDR in den meisten Fällen kein sehr zugänglicher Partner ist, scheint diese Haltung zu rechtfertigen und das Lösen von alten Verhaltensmustern zu erschweren. Tatsächlich lehrt die Erfahrung, daß Intentionen, die Lösung praktischer Fragen gegen Zugeständnisse im Bereich rechtlich-politischer Grundsatzpositionen zu „verkaufen“, bei geschickter Interessenführung so gut wie immer begrenzt werden können. Das an einem praktischen Fall zu messen, besteht seit der S-Bahn-Vereinbarung von 1983 Gelegenheit. Gute sachliche Vorbereitung, in die auch Stellen der Bundesbahn einbezogen werden konnten, und eine präzise Risikokalkulation ermöglichten die Lösung eines Problems ohne jeden politischen Nachteil und ohne jede Einbuße an Rechtspositionen, das über Jahrzehnte als unlösbar angesehen worden war.

Die Verhandlungen verliefen sachlich und führten zu einem Ergebnis, bei dem sich der Vorteil des einen nicht als der Nachteil des anderen erwies. Die S-Bahn fährt heute unter der Regie der Berliner Verkehrsgesellschaft. Die Verhandlungen wurden für den Senat, erstmals bei einem Bahnthema, von einem Beamten der Senatskanzlei und auch im Rathaus Schöneberg geführt.

Ihnen war allerdings ein Ereignis vorangegangen, das sie ohne Zweifel beeinflußt hat, dessen Bedeutung aber darüber hinausgeht. Am 15. September 1983 trafen sich im Schloß Niederschönhausen zum ersten Mal ein Regierender Bürgermeister von Berlin als deutscher Politiker und der Staatsratsvorsitzende der DDR und Generalsekretär der SED zu einem Gespräch. Damit wurden Türen geöffnet und Möglichkeiten eröffnet, die auch ohne einen unmittelbaren Erfolg politische Wirkungen und damit ihren Selbstwert haben. Am 15. September 1983 wurde nicht verhandelt, sondern es fanden Gespräche statt, in denen Positionen erläutert, Übereinstimmungen und unterschiedliche Auffassungen festgestellt und begründet wurden, die das gegenseitige Verständnis erleichtern. Damit wurden weder grundsätzliche Rechtsauffassungen preisgegeben noch der Status der Stadt in der einen oder anderen Hinsicht verändert. Das festzustellen, nahmen während der Gespräche und danach beide Seiten ausdrücklich Gelegenheit. Die Veränderungen des Klimas waren bemerkenswert. Sie betrafen nicht nur die kurz darauf beginnenden S-Bahn-Verhandlungen; sie schufen auch günstige Voraussetzungen weitreichender Verbesserungen im Eisenbahnverkehr und die Aufnahme von Gesprächen über einen Gebietsaustausch. In den Gesprächen wurde auch der Grundstein für einen bemerkenswerten Wandel im Verhalten der DDR-Organe gegenüber Reisenden im Wechselverkehr mit der DDR und im Transitverkehr von und nach Berlin gelegt. Inzwischen hat auch der neue Regierende Bürgermeister mit Honecker gesprochen und es besteht guter Grund zu der Hoffnung, daß auch das wieder in Bewegung gerät, was unterdes steckenblieb, weil man wieder sprachlos zu werden drohte.

Es war schon davon die Rede, daß der von der Sache am stärksten zum Handeln gedrängte Senat unter dominierenden Einflüssen steht. Das gilt hinsichtlich Berlins auch für die Regierung der DDR und ihr Verhältnis zur Sowjetunion. Soweit es um jenen Bereich lösungsbedürftiger Fragen geht, für die im engeren Rahmen Berlins der Senat zuständig ist, hat damit auch der Senat ein Interesse, mit der Sowjetunion als einer der Vier Mächte ins Gespräch zu kommen. Dafür bleibt, da der sowjetische Generalkonsul in Westberlin kraft Viermächtevereinbarung nicht befugt ist, in Statusfragen zu sprechen oder zu handeln, nur der sowjetische Botschafter in Ostberlin in seiner Eigenschaft als Verwalter des Rest- oder Kernbestandes von Rechten und Verantwortlichkeiten für Deutschland und Berlin als Ganzes. Sie finden sich in dieser Form nur noch in Berlin. Das gilt auch für die Botschafter der Drei Mächte in Bonn und ihre Funktionen in Berlin. Kontakte zwischen den Regierenden Bürgermeistern und den sowjetischen Botschaftern hat es seit langer Zeit gegeben; sie blieben aber sporadisch und fanden zuweilen unter merkwürdigen Umständen statt. Regelmäßige Treffen abwechselnd in der sowjetischen Botschaft in Ostberlin und im Gästehaus des Senats finden erst seit 1981 statt. Sie haben zwar zu Beginn Stirnrunzeln ausgelöst, galten aber schließlich auf allen Seiten als nützlich und sinnvoll, zumal sie Gelegenheit boten, keinen Zweifel am Rahmen des Viermächtestatus aufkommen zu lassen und zugleich die Stimme des Senats im allgemeinen Konzert vernehmbar machten. Das Gesprächssystem trägt zum gegenseitigen Verständnis der Positionen bei und überläßt deren Interpretation nicht den täglichen Zufällen der Übermittlung. Dem kommt nicht zuletzt Bedeutung zu, weil in manchen für Westberlin zuständigen Behörden der DDR „Mißverständnisse" politischer Interpretationskunst nicht stets unterdrückt werden und damit Mißtrauen erzeugen, das keiner Seite letztlich dient.

Die Verknüpfung vieler Interessen in der Berliner Situation erfordert im eigenen Lager unter den Beteiligten eine offene Diskussion und enge Abstimmung. Die Lage ist hinreichend kompliziert, als daß sie nicht kluges und weitsichtiges gegenseitiges Verständnis erforderte. Die Abstimmungen zwischen der alliierten Seite, der Bundesregierung und dem Senat sind weit davon entfernt, bequem zu sein oder als reine Routine verstanden zu werden. Sie eignen sich auch nicht zu Profilierungsversuchen. Hier kann zum allseitigen Nutzen nur verschwiegen gedient werden. Die Sicherheit Berlins liegt in der Fähigkeit und Entschlossenheit der Alliierten zur Verteidigung und gleichzeitig zur Vermeidung von Spannungen und zum Abbau von Spannungen. Dazu gehört allerdings auch die bereits erwähnte Problematik der rechtzeitigen Lösung lösungsbedürftiger Fragen. Auch wenn Berlin selbst territorial nicht zum unmittelbaren Bereich des Atlantischen Bündnisses gehört, ist dessen Existenz für die Sicherheit der Stadt von entscheidender Bedeutung. Es ist aber eine Illusion zu glauben, daß die Wirkungsfähigkeit der alliierten Organe in der Stadt deshalb durch eine symbolische Präsenz gewährleistet werden könnte. Aus diesem Grunde müssen militärische Notwendigkeiten hingenommen werden. Sie begegnen den Einwohnern der westdeutschen Länder im übrigen in viel höherem Maße. Manche alliierten Bestimmungen verleugnen bis heute ihre Herkunft aus dem Besatzungsrecht nicht. Einige sind sicher obsolet, andere anpassungsbedürftig, andere längst den Gegebenheiten angepaßt. Die öffentliche Diskussion darüber ist nicht immer sehr rational und ausgewogen oder dem Anlaß angemessen.

Den Voraussetzungen der Existenzwahrung und -entwicklung von außen korrespondieren die Notwendigkeiten innenpolitischen Handelns im weitesten Sinn. Wissenschaft, Kultur, Wirtschaft und Sozialwesen gewinnen in dem eingeschlossenen Lebensraum der Stadt eine höhere Bedeutung als in nach allen Seiten problemlos offenen Gemeinwesen. Durchsetzungsfähigkeit nach außen und Glaubwürdigkeit nach innen erfordern ein prosperierendes und funktionierendes öffentliches Leben. Daran hat es im Berlin der siebziger Jahre gefehlt. Wer sich einen objektiven Blick bewahrt, den wundert das nicht. Die Stadt hat über die Blockade den Anschluß an die rasche wirtschaftliche Entwicklung verloren. Erst nach dem Bau der Mauer begann in den sechziger Jahren eine dann allerdings rapide wirtschaftliche Aufwärtsentwicklung. Wer hier westdeutsche Maßstäbe anlegt, verkennt die Ausgangslage oder hat sie gar nicht wahrgenommen, etwas, was einem in Westdeutschland durchaus nicht selten begegnet. Was Wunder, daß sich nach der Beseitigung der ärgsten existentiellen Bedrohung durch das Viermächteabkommen eine Art von „Es-ist-erreicht-Stimmung" ausbreitete. Sie verführte zu dem Glauben, von nun an sei mit Geld alles machbar. Bei dem Versuch, wirtschaftlich und sozial aufzuschließen, erwies sich in vielen Bereichen, daß die Substanz Schaden genommen hatte. Ehrgeizige Pläne verwehten. Manches blieb aber auch, wenn nicht geliebt, so doch nützlich. Der unter dem Druck äußerer Bedrohung entstandene innere Konsens zerbrach, nicht nur zwischen, sondern auch in den Parteien. Berlin erweckte den in der westlichen Welt Besorgnis erregenden Eindruck einer kranken Stadt. Berlin verschwand aus der politischen Berichterstattung und tauchte auf den Seiten der Skandale und Krawalle wieder auf, nur selten mit der ernsthaften Frage nach den tieferliegenden Ursachen verbunden. Diese Art von Fortschritt hatten allerdings weder die Alliierten noch die Bundesregierung und – wie sich 1981 erwies – schon gar nicht die Berliner Bürger in ihrem nüchternen Realitätssinn gemeint. Ein wirres Jahrzehnt, das auch durch den Vergleich mit den sogenannten goldenen zwanziger Jahren nicht besser wird, denn so golden waren die für den Mann auf der Straße gar nicht, sondern nur für einige Auserwählte, brauchte es, um zum Durchbruch zu bringen, daß das Ende des ungeregelten Belagerungszustandes keine Demobilisierung der Kräfte erlaubte, sondern vielmehr die Konzentrierung aller Anstrengungen auf den nun möglichen inneren Aufbau forderte. Als Geschenk von außen war er unter den mittlerweile drastisch verschlechterten wirtschaftlichen und finanziellen Rahmenbedingungen allein nicht zu erwarten. Die Herausforderung wurde angenommen und führte zu einer Übereinstimmung zwischen neuen Regierenden und Regierten. Die Entwicklungstendenzen kehrten sich um. Das in der Stadt liegende fast unvergleichliche Potential im wirtschaftlichen, wissenschaftlichen, kulturellen und sozialen Bereich ist reaktiviert. Die Verbesserung der Möglichkeiten, die Interessen Berlins zu vertreten, korrespondieren mit der wiedergewonnenen Lebenskraft. Das ist aber auch leicht wieder zu verspielen, muß gewarnt werden, denn die Stadt braucht eine nationale und internationale Resonanz, um nicht auf rein instrumentale Funktionen im Geflecht der Politik zurückgeworfen zu werden, um seine nationale Aufgabe wahrnehmen zu können. Sie kann nicht allein darin bestehen, eine nationale Aufgabe zu sein.

Die Lage Berlins ist in das Verhältnis zwischen Ost und West eingebunden. Deshalb kann diese Betrachtung auch nicht an der internationalen Politik vorbeigehen. Ihre Entwicklung entscheidet darüber, ob und wie die Situation der Stadt weiter verbessert werden kann und welche Funktion ihr in der großen Politik zufällt.

Hier gewinnt der Begriff Entspannung unser besonderes Interesse, denn von der damit beschriebenen Politik hat Berlin in exemplarischer Weise profitiert. Begriff und Sache sind seit je Zweifeln ausgesetzt. Ihr Wesensinhalt wurde und wird in Ost und West auch nicht identisch verstanden. Er wurde im Osten von Anfang an enger und ambivalenter gefaßt als im Westen. Das gilt vor allem für die Bestimmung des geographischen Anwendungsbereiches und für die Parallelität zwischen begrenztem Interventionsverzicht und fortgesetztem ideologischen Kampf, wie sie in der Erklärung zur Koexistenzpolitik von 1956 enthalten sind. Das mindert die Bedeutung nicht, die diesem Schritt der Sowjetunion zukommt, bedeutete er doch die förmliche Absage an die bis dahin in Moskau vertretene Doktrin von der Unvermeidbarkeit kriegerischer Auseinandersetzungen zwischen den Staats- und Gesellschaftssystemen des Ostens und Westens. Zwischen der neuen Haltung und der Auffassung über die Opportunität von militärischen Maßnahmen im gegebenen Fall, insbesondere jenseits des der Koexistenzdoktrin zugrundeliegenden territorialen Anwendungsbereiches, blieb jedoch ein freier Raum. Demgegenüber hat man im Westen Entspannung von

Anfang an weiter verstanden. Deshalb führte die Invasion in Afghanistan mit logischer Konsequenz zu einer tiefen Krise in den internationalen Beziehungen. Fast genau 30 Jahre nach der Koexistenzerklärung von 1956 sind in der Sowjetunion nun offizielle Verlautbarungen zu verzeichnen, in denen generelle Zweifel am Wert ideologischer Auseinandersetzungen in der internationalen Politik geäußert werden. Ideologische Momente hätten vielmehr hinter Fragen von Krieg und Frieden zurückzutreten. Die Bedeutung dieses Wandels kann schwerlich unterschätzt werden, denn er impliziert nicht nur innenpolitische Änderungen in der UdSSR von größtem Ausmaß, sondern auch eine historische Zäsur außenpolitischen Verhaltens, wenn er sich auf Dauer durchsetzt. Die Auffassungen über Entspannung sind damit zwischen Ost und West nicht plötzlich identisch, aber sie könnten ein Stück kongruenter werden. Umso verwunderlicher ist, mit welcher Verzögerung die Vorgänge in der Sowjetunion im Westen registriert werden. In der DDR findet die Diskussion über diese Fragen unter dem bemerkenswerten Titel „Neues Denken" statt. Sie erstreckt sich im Augenblick vorrangig auf eine Erörterung des bisherigen Sicherheitsverständnisses. Ich glaube, nicht zu weit zu gehen, wenn ich feststelle, daß es in der Entwicklung kontinuierliche Linien gibt, auch wenn sie nicht zu allen Zeiten transparent sind. In der wellenförmigen Entwicklung von Begriff und Sache scheint Entspannung immer für die Seite einen höheren Stellenwert zu haben, welche die politische Initiative verloren zu haben glaubt oder sie tatsächlich verloren hat.

Auf die Deutsche Frage bezogen sind die Wellenbewegungen zwischen Spannung und Entspannung in den achtziger Jahren flacher verlaufen als in der Politik zwischen Ost und West im allgemeinen. Teilweise haben die innerdeutschen Beziehungen sogar ihren Entspannungscharakter in Phasen beibehalten, in denen die Beziehungen zwischen Moskau und Washington außerordentlich kühl waren. Das Wort von der Schadensbegrenzung gehört dem deutschen politischen Vokabular an. Es ist unverkennbar, daß hier Erfahrungen wirksam wurden, die auf beiden deutschen Seiten in den langen Spannungsperioden ihrer kurzen Geschichte gemacht wurden. Krisenverhütung, Krisenbegrenzung und Krisenmanagement sind aus dem Interesse und der Lage der Bundesrepublik Deutschland und der Deutschen Demokratischen Republik essentielle Fähigkeiten, die ihren politischen Stellenwert ungeachtet aller Unterschiede erhöht haben. In beiden Bündnissen hat der jeweilige deutsche Staat nunmehr seinem eigenen Interesse nach ausgleichende Funktionen von nicht geringem auch internationalem Rang. Daß sie nichtsdestoweniger begrenzt bleiben, ist seit 1984 in Berlin deutlich geworden. Während es in den unmittelbaren Beziehungen zwischen Bonn und Ostberlin auch in den folgenden Jahren kontinuierliche Fortschritte gab, blieben im Verhältnis des Senats zur DDR so gut wie alle bereits ausgehandelten Projekte stecken. Es kam aber zu keiner Verschlechterung der Situation, wie sie vor 1972 zum Regelwerk der Politik gehörte. Ich habe das Viermächteabkommen als eine Balance von Widersprüchen bezeichnet. Die in ihm festgelegten Regeln beseitigen die Widersprüche nicht, ermöglichen es aber, mit ihnen zu leben. Sie reduzieren weitergehende Intentionen auf erreichbare Ziele. In diesen Rahmen passen keine Maximalforderungen.

In der wiederaufgelebten Diskussion über die Deutsche Frage wird vielfach zum Ausdruck gebracht, es ermangele der gegenwärtigen Politik am „grand design". Darüber läßt sich umso trefflicher streiten, je theoretischer die Erörterung ist und je mehr sie Grundbedingungen unserer politischen Existenz zur Disposition stellt, die zum allergrößten Teil tatsächlich gar nicht in deutscher Hand sind. Die Deutsche Frage als nationales Problem ist in eine vom Volumen her viel größere internationale Problematik eingeschlossen und eingebunden. Alle großen Pläne zur Lösung der Deutschen Frage sind bisher am Widerspruch der Ansprüche gescheitert. Die Kunst der Politik besteht deshalb darin, mit den Widersprüchen lebend, in Feldern gleichen Interesses und möglichst vielseitigen Nutzens nach Möglichkeiten für schrittweise Verbesserungen zu suchen. Das ist nicht der „große Wurf", von dem manche träumen, das erfordert aber dennoch eine Vorstellung, welches Bild sich aus den vielen Mosaiksteinen politischen Handelns schließlich ergeben kann oder soll. Hier bestreite ich je länger desto weniger einen grundsätzlichen Nachholbedarf, dem auf die Dauer abgeholfen werden muß, so schwierig und langwierig, vielleicht auch mancherseits schmerzlich das sein mag.

In Berlin ist der Zwang, sich nach vielen Seiten unter den vorgegebenen Bedingungen mit dem Ziel einer Stabilisierung der Situation zu arrangieren ebenso verankert, wie der Zwang zur schließlichen Lösung der Deutschen Frage. Es mögen die Recht haben, die ohnehin Politik als eine Serie von Provisorien und Aushilfen nach des Wortes berühmtem Beispiel ansehen. Es mögen die Recht haben, die auch in der Politik die Logik der zwingenden Umstände walten sehen. Es haben aber die mit Sicherheit Unrecht, die für die einzige Lösung der Deutschen Frage nur den eigenen Traum, den eigenen Vorteil, die eigene Sicherheit halten. Die Berlinproblematik ist Kern der Deutschen Frage, Zwang zur Vernunft, Herausforderung zu Geduld und Prüfstein, ob wir nach allem lernen, unsere Interessen mit denen anderer in Übereinstimmung zu bringen.

LITERATURVERZEICHNIS

Das Literaturverzeichnis enthält ausschließlich Publikationen seit 1985, die zumeist auch ausführlichere Hinweise auf frühere Veröffentlichungen enthalten. Vgl. hierzu im übrigen die ausgezeichneten Bibliographien des Bundesministeriums für innerdeutsche Beziehungen: Bibliographie zur Deutschlandpolitik 1941-1974 (Frankfurt/Main 1975) und Bibliographie zur Deutschlandpolitik 1975-1982 (Frankfurt/Main 1983).

ADAMS, Willi Paul/KRAKAU, Knud (Hrsgg.), Deutschland und Amerika. Perzeption und historische Realität, Berlin 1985.

ANTONI, Michael, Das Potsdamer Abkommen - Trauma oder Chance? Geltung, Inhalt und staatsrechtliche Bedeutung für Deutschland, Berlin 1985.

AUSWÄRTIGES AMT (Hrsg.), 40 Jahre Außenpolitik der Bundesrepublik Deutschland. Eine Dokumentation, Stuttgart 1989.

BARING, Arnulf, Unser neuer Größenwahn. Deutschland zwischen Ost und West, Stuttgart 1988.

BECKER, Josef/KNIPPING, Franz (Hrsgg.), Power in Europe? Great Britain, France, Italy and Germany in a Postwar World, 1945-1950, Berlin 1986.

BENDER, Peter, Deutsche Parallelen. Anmerkungen zu einer gemeinsamen Geschichte zweier getrennter Staaten, Berlin 1989.

BENDER, Peter, Neue Ostpolitik. Vom Mauerbau bis zum Moskauer Vertrag, München 1986.

BENZ, Wolfgang (Hrsg.), Die Bundesrepublik Deutschland. Geschichte in vier Bänden, 2. Aufl. Frankfurt/Main 1989.

BENZ, Wolfgang (Hrsg.), Die Vertreibung der Deutschen aus dem Osten. Ursachen, Ereignisse, Folgen, Frankfurt/Main 1985.

BLUMENWITZ, Dieter/MEISSNER, Boris (Hrsgg.), Das Selbstbestimmrecht der Völker und die deutsche Frage, Köln 1986.

BRACHER, Karl Dietrich/JÄGER, Wolfgang/LINK, Werner, Republik im Wandel 1969-1974. Die Ära Brandt, Stuttgart 1986 (Geschichte der Bundesrepublik Deutschland, Bd. 5/I).

BREDOW, Wilfried von, Deutschland - ein Provisorium? Berlin 1985.

BROCKE, Rudolf Horst, Deutschlandpolitische Positionen der Bundestagsparteien. Synopse, Erlangen 1985.

BRUNS, Wilhelm, Die Außenpolitik der DDR, Berlin 1985.

BRUNS, Wilhelm, Von der Deutschlandpolitik zur DDR-Politik? Opladen 1989.

BUNDESZENTRALE FÜR POLITISCHE BILDUNG (Hrsg.), Die Frage nach der deutschen Identität, Bonn 1985.

BUNDESZENTRALE FÜR POLITISCHE BILDUNG (Hrsg.), Westeuropa und die USA. Gemeinsamkeiten. Unterschiede. Perspektiven, Bonn 1988.

CALLEO, David P., Geteiltes Land - halbes Land. Essays über Deutschland, Frankfurt/Main 1988.

COONEY, James A. (Hrsg.), Die Bundesrepublik Deutschland und die Vereinigten Staaten von Amerika, Stuttgart 1985.

DOEHRING, Karl u.a., Deutschlandvertrag, westliches Bündnis und Wiedervereinigung, Berlin 1985.

EHRHARDT, Hans-Georg, Die 'deutsche Frage' aus französischer Sicht (1981-1987). Frankreich zwischen deutschlandpolitischen

Befürchtungen, sicherheitspolitischen Nöten und europäischen Hoffnungen, München 1988.

FISCHER, Alexander (Hrsg.), Vierzig Jahre Deutschlandpolitik im internationalen Kräftefeld. Berliner Kolloquium der Gesellschaft für Deutschlandforschung in Verbindung mit dem Bundesminister für innerdeutsche Beziehungen, 8. bis 10. November 1989, Köln 1989 (angekündigt).

FORSCHUNGSINSTITUT DER DEUTSCHEN GESELLSCHAFT FÜR AUSWÄRTIGE POLITIK (Hrsg.), Dokumente zur Berlin-Frage 1944-1966, 4. Auflage München 1987.

FORSCHUNGSINSTITUT DER DEUTSCHEN GESELLSCHAFT FÜR AUSWÄRTIGE POLITIK (Hrsg.), Dokumente zur Berlin-Frage 1967-1986, München 1987.

FOSCHEPOTH, Joseph (Hrsg.), Kalter Krieg und Deutsche Frage. Deutschland im Widerstreit der Mächte 1945-1952, Göttingen 1985.

FOSCHEPOTH, Joseph, (Hrsg.), Adenauer und die Deutsche Frage, Göttingen 1988.

FOSCHEPOTH, Joseph/STEININGER, Rolf (Hrsgg.), Die britische Deutschland- und Besatzungspolitik 1945-1949, Paderborn 1985.

FREY, Eric G., Division and Detente. The Germanies and their Alliances, New York 1987.

FRITSCH-BOURNAZEL, Renata, Das Land der Mitte. Die Deutschen im europäischen Kräftefeld, München 1986.

FROHN. Axel, Neutralisierung als Alternative zur Westintegration. Die Deutschlandpolitik der Vereinigten Staaten von Amerika 1945-1949, Frankfurt/Main 1985.

GRAML, Hermann, Die Alliierten und die Teilung Deutschlands. Konflikte und Entscheidungen 1941-1948, Frankfurt/Main 1985.

GREIFFENHAGEN, Martin, Von Potsdam nach Bonn. Zehn Kapitel zur politischen Kultur Deutschlands, München 1986.

GREWE, Wilhelm G., Die deutsche Frage in der Ost-West-Spannung. Zeitgeschichtliche Kontroversen der achtziger Jahre, Herford 1986.

GROSSER, Alfred, Das Deutschland im Westen. Eine Bilanz nach 4o Jahren, München 1988.

GRUNER, Wolf. D., Die deutsche Frage. Ein Problem der europäischen Geschichte seit 1800, München 1985.

HABEL, Fritz Peter/KISTLER, Helmut (Hrsgg.), Entscheidungen in Deutschland 1949-1955. Die Kontroversen um die außen-, deutschland- und wirtschaftspolitische Orientierung der Bundesrepublik Deutschland, 3. Aufl. Bonn 1987 (Bundeszentrale für politische Bildung).

HACKE, Christian, Weltmacht wider Willen. Die Außenpolitik der Bundesrepublik Deutschland, Stuttgart 1988.

HAMM-BRÜCHER, Hildegard/SCHREIBER, Norbert (Hrsgg.), Die aufgeklärte Republik. Eine kritische Bilanz, München 1989.

HANRIEDER, Wolfram F., Germany, America, Europe. Forty Years of German Foreign Policy, New Haven, Conn. 1989.

HERBST, Ludolf (Hrsg.), Westdeutschland 1945-1955. Unterwerfung. Kontrolle. Integration, München 1986.

HERBST, Ludolf, Option für den Westen. Vom Marshallplan bis zum deutsch-französischen Vertrag, München 1989.

HILDEBRANDT, Reinhard, Kampf um Weltmacht. Berlin als Brennpunkt des Ost-West-Konfliktes, Opladen 1987.

HILLGRUBER, Andreas, Alliierte Pläne für eine 'Neutralisierung' Deutschlands 1945-1955, Opladen 1987.

HILLGRUBER, Andreas, Deutsche Geschichte 1945-1982. Die 'deutsche Frage' in der Weltpolitik, 6. Aufl. Stuttgart 1987.

HORN, Hannelore (Hrsg.), Berlin als Faktor nationaler und internationaler Politik, Berlin 1988.

JACOBMEYER, Wolfgang (Hrsg.), Deutschlandbild und Deutsche Frage in den historischen, geographischen und sozialwissenschaftlichen Unterrichtswerken der Bundesrepublik Deutschland und der DDR von 1949 bis in die achtziger Jahre, Braunschweig 1986.

JÄGER, Thomas, Neue Wege in der Deutschlandpolitik. Darstellung und Analyse alternativer Deutschland-, Europa- und weltpolitischer Strategien, Erlangen 1986.

JÄGER, Wolfgang/LINK,Werner, Republik im Wandel 1974-1982. Die Ära Schmidt, Stuttgart 1987 (Geschichte der Bundesrepublik Deutschland, Bd. 5/II).

JAHN, Hans Edgar, Die deutsche Frage von 1945 bis heute. Der Weg der Parteien und Regierungen, Mainz 1985.

JEISMANN, Karl-Ernst, Einheit - Freiheit - Selbstbestimmung. Die Deutsche Frage im historisch-politischen Bewußtsein, Frankfurt/ Main 1987.

KESSEL, Martina, Westeuropa und die deutsche Teilung. Englische und französische Deutschlandpolitik auf den Außenministerkonferenzen von 1945 bis 1947, München 1989.

KIEFER, Heinz J., Die Deutsche Frage als strategischer Schlüssel, München 1988.

KLESSMANN, Christoph, Zwei Staaten, eine Nation. Deutsche Geschichte 1955-1970, Göttingen 1988.

KLESSMANN, Christoph, Die doppelte Staatsgründung. Deutsche Geschichte 1945-1955, 4. Auflage Göttingen 1989.

KRIEGER, Wolfgang, General Lucius D. Clay und die amerikanische Deutschlandpolitik 1945-1949, Stuttgart 1987.

LADEMACHER, Horst/MÜHLHAUSEN, Walter (Hrsgg.), Sicherheit - Kontrolle - Souveränität. Das Petersberger Abkommen vom 22. November 1949. Eine Dokumentation, Melsungen 1985.

LANGE, Klaus (Hrsg.), Aspekte der deutschen Frage, Herford 1986.

LAQUEUR, Walter, Was ist los mit den Deutschen?, Frankfurt/Main 1985.

LEHMANN, Hans Georg, Chronik der Bundesrepublik Deutschland 1945/49 bis heute, 3. Aufl. München 1989.

LEHMANN, Hans Georg, Chronik der DDR 1945/49 bis heute, München 1987.

LINK, Werner, Der Ost-West-Konflikt, 2. Aufl. Stuttgart 1988.

MARTIN, Ernst, Zwischenbilanz: Deutschlandpolitik der 80er Jahre, Stuttgart 1986.

MÄRZ, Peter, Die Bundesrepublik zwischen Westintegration und Stalin-Noten. Zur Diskussion 1952 in der Bundesrepublik vor dem Hintergrund der westlichen und der sowjetischen Deutschlandpolitik. Frankfurt/Main 1988.

MAY, Ernest R., The American Commitment to Germany, 1949-55, in: Diplomatic History 13 (1989), S. 431-460.

MEYER-LANDRUT, Nikolaus, Frankreich und die deutsche Einheit. Die Haltung der französischen Regierung und Öffentlichkeit zu den Stalin-Noten 1952, München 1988.

MICHALKA, Wolfgang (Hrsg.), Die Deutsche Frage in der Weltpolitik, Stuttgart 1986 (Neue Politische Literatur, Beihefte 3).

MORSEY, Rudolf, Die Bundesrepublik Deutschland. Entstehung und Entwicklung bis 1969, München 1987.

MORETON, Edwina, Germany between East and West, Cambridge 1988.

NINKOVICH, Frank, Germany and the United States. The Transformation of the German Question since 1945, Boston 1988.

NOLTE, Ernst, Deutschland und der Kalte Krieg, 2. Auflage Stuttgart 1985.

OVERESCH, Manfred, Die Deutschen und die Deutsche Frage 1945-1955. Darstellung und Dokumente, Düsseldorf 1985.

PETERS, Ingo, Transatlantischer Konsens und Vertrauensbildung in Europa. Die KVAE-Politik der Vereinigten Staaten von Amerika und der Bundesrepublik Deutschland 1984-1986, Baden-Baden 1987.

PFEILER, Wolfgang, Deutschlandpolitische Optionen der Sowjetunion, Melle 1987.

POHL, Erich G. (Hrsg.), Berlin und die Zukunft Europas, Koblenz 1986.

POIDEVIN, Raymond, Die unruhige Großmacht. Deutschland in der Welt im 20. Jahrhunder, Würzburg 1985.

REED Jr., John A., Germany and NATO, Washington, DC 1987.

RUHL, Klaus-Jörg (Hrsg.), 'Mein Gott, was soll aus Deutschland werden?' Die Adenauer-Ära 1949-1963, München 1985.

RUPIEPER, Hermann-Josef, Die Berliner Außenministerkonferenz von 1954. Ein Höhepunkt der Ost-West-Propaganda oder letzte Möglichkeit zur Schaffung der deutschen Einheit? In: Vierteljahrshefte für Zeitgeschichte 34 (1986), S. 428-453.

RUPIEPER, Hermann-Josef, Wiedervereinigung und europäische Sicherheit: Deutsch-amerikanische Überlegungen für eine entmilitarisierte Zone in Europa 1953, in: Militärgeschichtliche Mitteilungen 39/1986, S. 91-130.

SCHLÖGEL, Karl, Die Mitte liegt ostwärts. Die Deutschen, der verlorene Osten und Mitteleuropa, o.O. O.J. (Berlin 1986)

SCHULZ, Eberhard/DANYLOW, Peter (Hrsgg.), Bewegung in der deutschen Frage? Die ausländischen Besorgnisse über die Entwicklung in den beiden deutschen Staaten, 2. Aufl. Bonn 1985.

SCHWARZ, Hans-Peter (Hrsg.), Berlin-Krise und Mauerbau, Bonn 1985.

SCHWARZ, Hans-Peter, Adenauer. Der Aufstieg: 1876-1952, Stuttgart 1986.

SCHWARZ, Hans-Peter, Die gezähmten Deutschen. Von der Machtbesessenheit zur Machtvergessenheit, Stuttgart 1985.

SEMPF, Thomas, Die Deutsche Frage unter besonderer Berücksichtigung der Konföderationsmodelle, Köln 1987.

SCHMIDT, Gustav (Hrsg.), Großbritannien und Europa - Großbritannien in Europa. Sicherheitsbelange und Wirtschaftsfragen in der britischen Europapolitik nach dem Zweiten Weltkrieg, Bochum 1989.

STARITZ, Dietrich, Geschichte der DDR 1949-1985, Frankfurt/Main 1985.

STEININGER, Rolf, Eine vertane Chance. Die Stalin-Note vom 10.März 1952 und die Wiedervereinigung. Eine Studie auf der Grundlage unveröffentlichter britischer und amerikanischer Akten, Berlin 1985.

STEININGER, Rolf, Wiederbewaffnung. Die Entscheidung für einen westdeutschen Verteidigungsbeitrag: Adenauer und die Westmächte 1950, Erlangen 1989.

STÜRMER, Michael, Dissonanzen des Fortschritts. Essays über Geschichte und Politik in Deutschland, München 1986.

STÜRMER, Michael, Wem gehört Deutschland? Europa und die Deutsche Frage, Berlin 1986.

STÜRMER, Michael, Deutsche Frage oder die Suche nach der Staatsräson. Historisch-politische Kolumnen, München 1988.

TEYSEN, Georg, Deutschlandtheorien auf der Grundlage der Ostvertragspolitik, Frankfurt 1987.

THOSS, Bruno/VOLKMANN, Hans-Erich (Hrsgg.), Zwischen Kaltem Krieg und Entspannung. Sicherheits- und Deutschlandpolitik der Bundesrepublik im Mächtesystem der Jahre 1953-1956, Boppard/Rhein 1988.

THRÄNHARDT, Dietrich, Geschichte der Bundesrepublik Deutschland, Frankfurt/Main 1986.

TODT, Manfred (Hrsg.), Anfangsjahre der Bundesrepublik Deutschland. Berichte der Schweizer Gesandschaft in Bonn 1949-1955, München 1987.

TROMMLER, Frank (Hrsg.), Amerika und die Deutschen. Bestandsaufnahme einer 300jährigen Geschichte, Opladen 1986.

TURNER, Henry Ashby, Geschichte der beiden deutschen Staaten seit 1945, München 1989.

TURNER, IAN D. (Hrsg.), Reconstruction in Post-War Germany. British Occupation Policy in the Western Zones, 1945-55, Oxford 1989.

WAGENLEHNER, Günter, Die deutsche Frage und die internationale Sicherheit, Koblenz 1988.

WEBER, Hermann, Geschichte der DDR, München 1985.

WEBER, Jürgen (Hrsg.), Die Republik der fünfziger Jahre. Adenauers Deutschlandpolitik auf dem Prüfstand, München 1989.

WEBER, Jürgen, Die Deutsche Frage nach 1945, Bamberg 1986.

WEIDENFELD, Werner (Hrsg.), Geschichtsbewußtsein der Deutschen. Materialien zur Spurensuche einer Nation, Köln 1987.

WEIDENFELD, Werner (Hrsg.), Nachdenken über Deutschland. Materialien zur politischen Kultur der Deutschen Frage, Köln 1985.

WEIDENFELD, Werner, 30 Jahre EG. Bilanz der Europäischen Integration, Bonn 1987.

WEIDENFELD, Werner/ZIMMERMANN, Hartmut (Hrsgg.) Deutschland-Handbuch. Eine doppelte Bilanz 1949-1989, Bonn 1989.

WEIGELT, Klaus (Hrsg.), Deutsche Frage und Westbindung, Melle 1986.

WEISENFELD, Ernst, Welches Deutschland soll es sein? Frankreich und die deutsche Einheit seit 1945, München 1986.

WEIZSÄCKER, Richard von, Zum 4o. Jahrestag der Beendigung des Krieges in Europa und der nationalsozialistischen Gewaltherrschaft. Ansprache am 8. Mai 1985 in der Gedenkstunde im Plenarsaal des Deutschen Bundestages, Bonn 1985 (Bundeszentrale für politische Bildung).

WETZLAUGK, Udo, Berlin und die Deutsche Frage, Köln 1985.

WETZLAUGK, Udo, Die Alliierten in Berlin, Berlin 1988.

ZIEGER, Gottfried (Hrsg.), Die Haltung der Sowjetunion gegenüber freien demokratischen und geheimen Wahlen in Deutschland nach 1945 - vergleichend dargestellt, Köln 1985.

ZIEGER, Gottfried/MEISSNER, Boris/BLUMENWITZ, Dieter (Hrsgg.), Deutschland als Ganzes. Rechtliche und historische Überlegungen, Köln 1985.

KURZBIOGRAPHIEN DER AUTOREN

Karl E. Birnbaum, geb. 1924, Dozent für neuere Geschichte an der Universität Stockholm und Honorarprofessor für Politikwissenschaft an der Universität Wien; von 1960-1970 Direktor des schwedischen Außenpolitischen Instituts in Stockholm, von 1979-1982 Gründungsdirektor des österreichischen Instituts für Internationale Politik in Laxenburg, gegenwärtig Direktor des European University Centre for Peace Studies, Schlaining/Österreich. Veröffentlichungen u.a: Peace Moves and U-Boat Warfare (1958); Peace in Europe (1970); The Politics of East-West Communication (1979); Overcoming Threats to Europe (mit Sverre Lodgaard 1987).

Michael Bothe, geb. 1938, Professor für Öffentliches Recht, Völkerrecht und Europarecht an der Johann Wolfgang Goethe-Universität, Frankfurt/Main. Veröffentlichungen u.a.: Streitkräfte internationaler Organisationen (Köln 1968); Das völkerrechtliche Verbot des Einsatzes chemischer und bakteriologischer Waffen (Köln 1977); Die Kompetenzstruktur des modernen Bundesstaates in rechtsvergleichender Sicht (Berlin 1977); Rechtsfragen der internationalen Verschuldungskrise (Frankfurt/Main 1988, zusammen mit Bring/Kirchner/ Stockmayer).

Imanuel Geiss, geb. 1931, seit 1973 Professor für Neuere Geschichte an der Universität Bremen. Veröffentlichungen u.a.: Der polnische Grenzstreifen 1914-1918. Ein Beitrag zur deutschen Kriegszielpolitik im Ersten Weltkrieg (Lübeck 1960); Julikrise und Kriegsausbruch 1914. Eine Dokumentensammlung, 2 Bde. (Hannover 1963/64); Juli 1914. Die europäische Krise und der Ausbruch des Ersten Weltkriegs (München 1965); Panafrikanismus. Zur Geschichte der Dekolonisation (Frankfurt/Main 1968); German Foreign Policy 1871-1914 (London 1976); Das Deutsche Reich und der Erste Weltkrieg (München 1978); Der Berliner Kongreß 1878. Protokolle und Materialien (Boppard 1979); Geschichte griffbereit, 6 Bde. (Reinbek 1979-1983); Geschichte im Überblick (Reinbek 1986); Die Habermas-Kontroverse. Ein deutscher Streit (Berlin 1988); Der lange Weg in die Katastrophe. Vorgeschichte des Ersten Weltkrieges (demnächst München 1990).

Helga Haftendorn, geb. 1933, seit 1978 Professor für Politikwissenschaft unter bes. Berücksichtigung der Theorie, Empirie und Geschichte der Außenpolitik an der Freien Universität Berlin; zuvor an der Universität der Bundeswehr Hamburg und bei der Deutschen Gesellschaft für Auswärtige Politik in Bonn. Von 1980 bis 1982 (Gründungs-) Vorsitzende des Studienkreises Internationale Beziehungen, derzeit (1989-1991) Präsidentin der International Studies Association. Veröffentlichungen u.a.: Sicherheit und Entspannung. Zur Außenpolitik der Bundesrepublik Deutschland 1955-1982 (2. Aufl. Baden-Baden 1986); Sicherheit und Stabilität. Außenbeziehungen der Bundesrepublik zwischen Ölkrise und NATO-Doppelbeschluß (München 1986); Verwaltete Außenpolitik. Außen- und sicherheitspolitische Entscheidungsprozesse in Bonn (Köln 1978).

Hanns-D. Jacobsen, geb. 1944, seit 1988 Professor für Politische Wissenschaft an der Freien Universität Berlin (1989/90 Gastprofessor an der Stanford University); zuvor (1974 - 1987) wissenschaftlicher Mitarbeiter der Stiftung Wissenschaft und Politik, Ebenhausen. Veröffentlichungen u.a.: Die wirtschaftlichen Beziehungen zwischen West und Ost (1975); Kritische Einführung in die Außenhandelstheorie (1976 zus. m. W.Bärtschi); Asymmetrien und Interdependenzen in den transatlantischen Wirtschaftsbeziehungen (1981); Die Ost-West-Wirtschaftsbeziehungen als deutsch-amerikanisches Problem (1986).

Hansjürgen Schierbaum, Dr. jur., Staatssekretär a.D.

Hans-Jürgen Schröder, geb. 1938, seit 1980 Professor für Zeitgeschichte an der Justus-Liebig-Universität Gießen. Veröffentlichungen u.a: Deutschland und die Vereinigten Staaten 1933-1939. Wirtschaft und Politik in der Entwicklung des deutsch-amerikanischen Gegensatzes (Wiesbaden 1970); als Hrsg. (zus. mit C. Scharf), Politische und ökonomische Stabilisisierung Westdeutschlands 1945-1949 (Wiesbaden 1977); Die Deutschlandpolitik Großbritanniens und die Britische Zone 1945-1949 (Wiesbaden 1979); Die Deutschlandpolitik Frankreichs und die Französische Zone 1945-1949 (Wiesbaden 1983).